能效专业系列培训教材

国家电网有限公司
STATE GRID
CORPORATION OF CHINA

公共机构能效服务
管理与实务

国家电网有限公司市场营销部
国网能源研究院有限公司 组编

中国电力出版社
CHINA ELECTRIC POWER PRESS

内 容 提 要

国家电网有限公司能效服务是贯彻落实全面节约战略、助力国家"双碳"目标实现的重要举措，也是促进全社会节能减排、满足客户多元化用能需求的责任担当。本书的编写旨在高质量推进公共机构能效服务工作，加强人才培养。

全书共五章，分别为基础知识、管理要求、操作规范、平台应用及典型案例。从梳理公共机构能效政策要求入手，系统性阐述了公共机构用能特征、节能措施等基础知识，之后依次介绍了公司文件、岗位职能、工作流程等管理内容，并提供了详细的能效诊断操作规范和平台功能应用，最后重点分析了省公司在政企合作、平台建设、能效诊断、能源托管等方面的先进经验。

本书可供电力企业能效专业的管理人员和一线实施人员使用。

图书在版编目（CIP）数据

公共机构能效服务管理与实务 / 国家电网有限公司市场营销部，国网能源研究院有限公司组编. —北京：中国电力出版社，2024.5（2024.6重印）
ISBN 978-7-5198-8934-0

Ⅰ. ①公…　Ⅱ. ①国…②国…　Ⅲ. ①能源经济–服务市场–研究–中国　Ⅳ. ①F426.2

中国国家版本馆 CIP 数据核字（2024）第 105595 号

出版发行：中国电力出版社
地　　址：北京市东城区北京站西街 19 号（邮政编码 100005）
网　　址：http://www.cepp.sgcc.com.cn
责任编辑：崔素媛（010-63412392）
责任校对：黄　蓓　马　宁
装帧设计：张俊霞
责任印制：杨晓东

印　　刷：三河市航远印刷有限公司
版　　次：2024 年 5 月第一版
印　　次：2024 年 6 月北京第二次印刷
开　　本：787 毫米×1092 毫米　16 开本
印　　张：14
字　　数：204 千字
定　　价：79.00 元

.

2020 年 7 月，国家电网有限公司（简称国家电网公司）由供电服务向"供电＋能效服务"拓展延伸，聚焦客户用能行为优化，统筹开展能效公共服务和能效市场化服务。能效公共服务是国家电网公司履行社会责任，利用能源数据信息资源，为社会提供公益、普惠的能效分析产品和服务，搭建行业交流合作平台，促进全社会节能减排的行为。能效市场化服务是国家电网公司为满足客户多元化用能需求，遵从市场化运作规律，提供更经济、高效、清洁、智慧用能解决方案的行为。

在国家深入实施全面节约战略、积极稳妥推进"碳达峰、碳中和"等背景下，国家电网公司能效服务被赋予了更加重要的战略意义，成为助力国家"双碳"目标实现和能耗"双控"落实的重要举措，是支撑新型能源体系和新型电力系统在消费侧落地建设的关键抓手，是国家电网公司营销领域践行"一体四翼"发展布局的核心方向。

当前，国家电网公司能效公共服务和能效市场化服务进入体系化发展新阶段，将大力推进公共建筑、工业企业、园区等重点领域能效服务。其中，公司在公共机构能效服务积累最为浓厚，成效最为显著，是当前乃至整个"十四五"时期的推进重点。相较于商业建筑、居民社区、工业企业等领域，公共机构虽然规模相对较小，但多为各地区地标性建筑，代表政府形象，在节能领域的引领示范作用强，能效服务意义重大。为高质量推进公共机构能效服务工作，加强人才培养，编制了本教材。

本教材共分为五章。第一章为基础知识，重点讲述政策要求、用能特征、节能措施、常用术语等内容；第二章为管理要求，重点梳理公司文件、岗位职能、工作流程等内容；第三章为操作规范，详细介绍公共机构能效服务实施细则、标准用语等内容；第四章为平台应用，系统阐述公共机构能效服务数字化平台体系架构、功能应用和数据治理等内容；第五章为典型案例，重点介绍省公司在政企合作、平台建设、能效诊断、能源托管等4个方面的有益实践。

本教材由国家电网有限公司市场营销部组织，国网能源研究院有限公司牵头，国网山东省电力有限公司、国网江苏省电力有限公司、国网浙江省电力有限公司、国网湖南省电力有限公司、国网陕西省电力有限公司、国网吉林省电力有限公司，以及中国电科院有限公司、南瑞集团有限公司、国网综合能源服务集团有限公司、国网信息通信产业集团有限公司等单位参与，共同完成编制工作。本教材还得到了国务院发展研究中心、中国宏观经济研究院、国家节能中心、中国建筑科学研究院、清华大学建筑节能中心等知名机构专家的指导，在此表示感谢。

目录

基 础 知 识

本章介绍公共机构能效服务所涉及的基本知识,包括公共机构能效服务相关政策、典型场景用能特点、常见用能系统、常用术语等,旨在帮助能效专业人员全面掌握公共机构能效服务背景知识,为业务实施提供基础支撑。

第一节　公共机构能效服务政策

一、政策概况

各级机关事务管理部门是公共机构节能管理的主管部门。公共机构节能管理始于1999 年,先后经历了 3 个发展阶段:第一阶段(1999—2004)以围护结构、装修装饰、供热采暖、通风空调节能改造,以及优先集中供暖、优先采购节能产品为工作要点;第二阶段(2005—2020 年)以节约能源资源、控制能源消耗为工作要点;第三阶段(2021年至今)在我国"碳达峰、碳中和"目标背景下,公共机构节能管理以控制能源消耗和碳排放为工作要点,先后出台了十余项公共机构节能降碳管理相关政策,呈现更加突出绿色低碳、智慧高效、多元共治等三大特点。

（一）绿色低碳

合理控制煤炭等化石能源消费,推进燃煤锅炉节能环保综合改造,减少能源浪费;科学有序推进太阳能、风能、地热能等可再生能源在取暖、供热、炊事等环节的应用,提升新能源汽车比例。

（二）智慧高效

充分运用数字化技术，建设公共机构能源管理平台，汇集能耗与碳排放数据，实时监测分析公共机构能耗和碳排放水平，高效开展公共机构的节能规划、能耗统计和评价考核等工作，实现公共机构节能管理工作的可观、可测、可控。

（三）多元共治

坚持市场导向、多方协同，积极引入各方力量，大力推行合同能源管理、合同节水管理等市场化模式，由专业节能服务机构或企业提供节能诊断、节能方案设计、项目融资、设备采购、工程施工、设备运行管理等一系列服务。

二、重要政策

公共机构能效服务相关政策包括法律、行政法规、部门规章、规范性文件、规划文本、标准导则等6类，主要政策文件见表1-1。

表1-1 　　　　　　　公共机构能效服务主要政策文件

序号	政策名称	发布时间	发文字号	发布单位	定位
1	《中华人民共和国节约能源法》	颁布：1997年 修订：2016年、2018年	—	全国人民代表大会常务委员会	法律
2	《公共机构节能条例》	颁布：2008年 修订：2017年	国务院令第531号	国务院	行政法规
3	《公共机构能源审计管理暂行办法》	2015年	国家发展改革委、国管局令第32号	国家发展改革委、国家机关事务管理局	部门规章
4	《节约型机关创建行动方案》	2020年	国管节能〔2020〕39号	国家机关事务管理局、中共中央直属机关事务管理局、国家发展改革委、财政部	规范性文件
5	《关于鼓励和支持公共机构采用能源费用托管服务的意见》	2022年	国管节能〔2022〕287号	国家机关事务管理局、国家发展改革委、财政部	规范性文件
6	《公共机构能源资源消耗统计制度》	2022年	国管节能〔2022〕301号	国家机关事务管理局	规范性文件
7	《"十四五"公共机构节约能源资源工作规划》	2021年	国管节能〔2021〕195号	国家机关事务管理局、国家发展改革委	规划
8	《关于深入开展公共机构绿色低碳引领行动促进碳达峰实施方案的通知》	2021年	—	国家机关事务管理局、国家发展改革委、财政部、生态环境部	

续表

序号	政策名称	发布时间	发文字号	发布单位	定位
9	《公共机构能源审计技术导则》	2014 年	GB/T 31342—2014	国家质量监督检验检疫总局、国家标准委员会	国家标准
10	《公共机构能源管理体系实施指南》	2015 年	GB/T 32019—2015	国家质量监督检验检疫总局、国家标准委员会	国家标准
11	《公共机构办公区节能运行管理规范》	2018 年	GB/T 36710—2018	国家市场监管总局、国家标准委员会	国家标准
12	《中央和国家机关能源资源消耗定额》	2021 年	JGSW 01—2021	国家机关事务管理局、中共中央直属机关事务管理局	机关事务工作标准

根据公共机构能效服务内容，需重点关注的政策包括以下 7 项，7 项政策的要点摘述如下。

（一）中华人民共和国节约能源法

《中华人民共和国节约能源法》专门以第三章第五节第四十七条至第五十一条规定了公共机构节能条款，包括公共机构节能管理部门、节能目标和实施方案制定、用能管理和能源审计、节能产品采购等具体方面。

第四十七条　公共机构应当厉行节约，杜绝浪费，带头使用节能产品、设备，提高能源利用效率。

第四十八条　国务院和县级以上地方各级人民政府管理机关事务工作的机构会同同级有关部门制定和组织实施本级公共机构节能规划。公共机构节能规划应当包括公共机构既有建筑节能改造计划。

第四十九条　公共机构应当制定年度节能目标和实施方案，加强能源消费计量和监测管理，向本级人民政府管理机关事务工作的机构报送上年度的能源消费状况报告。国务院和县级以上地方各级人民政府管理机关事务工作的机构会同同级有关部门按照管理权限，制定本级公共机构的能源消耗定额，财政部门根据该定额制定能源消耗支出标准。

第五十条　公共机构应当加强本单位用能系统管理，保证用能系统的运行符合国家相关标准。公共机构应当按照规定进行能源审计，并根据能源审计结果采取提高能源利用效率的措施。

第五十一条　公共机构采购用能产品、设备，应当优先采购列入节能产品、设备政府采购名录中的产品、设备。禁止采购国家明令淘汰的用能产品、设备。

（二）公共机构节能条例

《公共机构节能条例》根据《中华人民共和国节约能源法》制定，于 2008 年 8 月 1 日由中华人民共和国国务院令第 531 号公布实施，并于 2017 年 3 月 1 日根据《国务院关于修改和废止部分行政法规的决定》修订。条例共分为 7 个章节，包括总则、节能规划、节能管理、节能措施、监督和保障、附则等具体条例，其中与公共机构能效服务密切相关的条款如下。

第十四条　公共机构应当实行能源消费计量制度，区分用能种类、用能系统实行能源消费分户、分类、分项计量，并对能源消耗状况进行实时监测，及时发现、纠正用能浪费现象。

第十五条　公共机构应当指定专人负责能源消费统计，如实记录能源消费计量原始数据，建立统计台账。公共机构应当于每年 3 月 31 日前，向本级人民政府管理机关事务工作的机构报送上一年度能源消费状况报告。

第十七条　公共机构应当在能源消耗定额范围内使用能源，加强能源消耗支出管理；超过能源消耗定额使用能源的，应当向本级人民政府管理机关事务工作的机构作出说明。

第十八条　公共机构应当按照国家有关强制采购或者优先采购的规定，采购列入节能产品、设备政府采购名录和环境标志产品政府采购名录中的产品、设备，不得采购国家明令淘汰的用能产品、设备。

第二十五条　公共机构应当设置能源管理岗位，实行能源管理岗位责任制。重点用能系统、设备的操作岗位应当配备专业技术人员。

第二十六条　公共机构可以采用合同能源管理方式，委托节能服务机构进行节能诊断、设计、融资、改造和运行管理。

第二十九条　公共机构应当减少空调、计算机、复印机等用电设备的待机能耗，及时关闭用电设备。

第三十条　公共机构应当严格执行国家有关空调室内温度控制的规定，充分利用自然通风，改进空调运行管理。

第三十一条　公共机构电梯系统应当实行智能化控制，合理设置电梯开启数量和时间，加强运行调节和维护保养。

第三十二条　公共机构办公建筑应当充分利用自然采光，使用高效节能照明灯具，优化照明系统设计，改进电路控制方式，推广应用智能调控装置，严格控制建筑物外部泛光照明以及外部装饰用照明。

第三十三条　公共机构应当对网络机房、食堂、开水间、锅炉房等部位的用能情况实行重点监测，采取有效措施降低能耗。

（三）公共机构能源审计管理暂行办法

《公共机构能源审计管理暂行办法》根据《中华人民共和国节约能源法》《公共机构节能条例》制定，旨在加强公共机构节能管理，规范公共机构能源审计工作。办法明确了公共机构能源审计的定义、管理机构、审计对象、审计要求等，其中与公共机构能效服务密切相关的条款如下。

第二条　公共机构能源审计是指依据有关法律、法规和标准，对公共机构的用能系统、设备的运行、管理及能源资源利用状况进行检验、核查和技术、经济分析评价，提出改进用能方式或提高用能效率建议和意见的行为。公共机构能源审计可由公共机构自行或委托能源审计服务机构，或由管理机关事务工作的机构委托能源审计服务机构实施。

第六条　年能源消费量达 500 t 标准煤以上或年电力消耗 200 万 kW·h 以上或建筑面积 1 万 m² 以上的公共机构或集中办公区每 5 年应开展一次能源审计，并纳入政府购买服务范围。

第八条　能源审计服务机构须具有独立法人资格，具备履行能源审计工作所必须的检验、测试等专业技术能力，具备相关领域认证资质或实验室认可资质。鼓励具备采用合同能源管理方式提供节能服务经验的企业承担能源审计服务工作。

第九条　能源审计服务机构开展能源审计，应符合《公共机构能源审计技术导则》（GB/T 31342—2014）及相关规范性文件的要求。

第十条　能源审计服务机构形成的能源审计报告应当书面征求被审计公共机构意见，被审计公共机构应当自接到能源审计报告之日起 10 个工作日内，提出书面意见。能源审计服务机构要进一步核实情况，对审计报告做相应修改，送达被审计公共机构；10 个工作日内被审计公共机构未提出书面意见的，视同无异议。

第十四条　能源审计服务机构有下列行为之一的，县级以上人民政府管理机关事务工作的机构应立即中止其能源审计工作，并会同管理节能工作的部门在官方网站按照有关规定向社会公示，并纳入信用体系记录，并依法追究其责任：（一）在能源审计过程中违纪违规的；（二）未履行能源审计合同的；（三）能源审计结果与事实严重不符，有重大偏差的；（四）未履行保密责任的。

（四）公共机构能源资源消耗统计制度

《公共机构能源资源消耗统计制度》依据《中华人民共和国统计法》《中华人民共和国节约能源法》《公共机构节能条例》及相关技术标准规范的有关规定制定，旨在全面掌握公共机构能源资源消费的实际状况，规范公共机构能源资源消费统计工作，具体从调查范围和对象、调查内容、调查频率、调查方法、组织实施、报送要求、质量控制、统计资料公布、统计信息共享等方面作出了具体规定。

根据该制度要求，公共机构能源资源统计应完成《公共机构基本信息》《公共机构能源资源消费状况》《公共机构数据中心机房能源消费状况》《公共机构采暖能源资源消费状况》《公共机构能源资源消费统计分级汇总情况》《公共机构能源资源消费统计分类汇总情况》《公共机构数据中心机房能源消费统计汇总情况》《公共机构采暖能源资源消费统计汇总情况》等 8 张报表。

（五）"十四五"公共机构节约能源资源工作规划

《"十四五"公共机构节约能源资源工作规划》（以下简称"工作规划"）根据《中华人民共和国国民经济和社会发展第十四个五年规划和 2035 年远景目标纲要》和《中华人民共和国节约能源法》《公共机构节能条例》等政策法规制定，总结了"十三五"期间公共机构节约能源资源成效，明确了"十四五"期间主要目标，并从绿色低碳转型行动、管理体系建设、支撑保障机制等 3 个方面提出了重点任务。

1. 主要目标

实施公共机构能源和水资源消费总量与强度双控，公共机构能源消费总量控制在 1.89 亿 tce（吨标准煤）以内，用水总量控制在 124 亿 m^3 以内，二氧化碳排放（以下简称"碳排放"）总量控制在 4 亿 t 以内；以 2020 年能源、水资源消费以及碳排放为基数，2025 年公共机构单位建筑面积能耗下降 5%，人均综合能耗下降 6%，人均用水量下降 6%，单位建筑面积碳排放下降 7%。"十四五"时期公共机构节约能源资源主要指标见表 1-2。

表 1-2   "十四五"时期公共机构节约能源资源主要指标

指标	基期值（2020 年）	目标值（2025 年）	属性
总量			
能源消耗总量/亿 tce	1.64	≤1.89	预期性
用水总量/亿 m³	106.97	≤124	预期性
碳排放总量/亿 t	—	≤4	预期性
强度			
单位建筑面积能耗/（kgce/m²）	18.48	17.56	约束性
人均综合能耗/（kgce/人）	329.56	309.79	约束性
人均用水量/（m³/人）	21.53	20.24	约束性
单位建筑面积碳排放/（kgCO₂/m²）	5 年下降率为 7%		约束性

2. 重点任务

（1）实施绿色转型行动。主要包括低碳引领行动、绿色改造行动、可再生能源替代行动、节水保护行动、生活垃圾分类行动、反食品浪费行动、绿色办公行动、绿色低碳生活方式倡导行动、示范创建行动和数字赋能行动等 10 项行动。

（2）强化管理支撑体系建设。主要包括制度标准体系建设、目标管理体系建设、能力提升体系建设等方面。

（3）完善规划实施保障机制。主要包括协同推进机制、资金保障机制、监督考核机制等。

（六）中央和国家机关能源资源消耗定额

《中央和国家机关能源资源消耗定额》规定了中央和国家机关能源资源消耗定额指标和等级、统计范围和计算方法。

定额指标为与建筑面积有关的能耗定额指标、与用能人数相关的能耗定额指标，以及水耗定额指标及数据中心机房能源使用效率。其中与建筑面积相关的能耗定额指标及等级值见表 1-3，与用能人数相关的能耗定额指标及等级值见表 1-4。

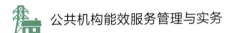

公共机构能效服务管理与实务

表 1-3   与建筑面积相关的能耗定额指标及等级值

单位供暖面积供暖能耗/（kgce/m²)						单位供暖面积非供暖能耗定额标准值/（kgce/m²)			单位建筑面积电耗/（kW·h/m²)		
暖气自供暖			集中供暖（按热计量收费）								
约束值	基准值	引导值	约束值	基准值	引导值	约束值	基准值	引导值	约束值	基准值	引导值
29.90	14.50	10.90	17.50	10.60	8.90	12.87	9.78	7.28	73.35	58.75	45.41

注：1. 具有两种或两种以上供暖形式的单位，其供暖能耗指标分别按照对应供暖形式执行。

2. 集中供暖收费方式为按照面积收费的中央和国家机关，对其供暖能耗不作等级评价。

表 1-4   与用能人数相关的能耗定额指标及等级值

人均综合能耗/（kgce/p）						人均非供暖能耗/（kgce/p）			人均电耗/（kW·h/p)		
暖气自供暖			集中供暖（按热计量收费）								
约束值	基准值	引导值	约束值	基准值	引导值	约束值	基准值	引导值	约束值	基准值	引导值
1358	916	603	1167	779	510	649	404	258	3057	2025	1035

注：1. 具有两种或两种以上供暖形式的单位，其人均综合能耗指标分别按照对应供暖形式执行。

2. 集中供暖收费方式为按照面积收费的中央和国家机关，其人均综合能耗不作等级评价。

每类指标等级分为约束值、基准值和引导值 3 级。上一年度实际能耗大于约束值的，按照每年不小于 4%的降幅下达年度能源资源消耗指标；小于约束值但大于基准值的，降幅 2%；小于基准值的，无变化；小于引导值的，增幅 2%。

（七）公共机构能源审计技术导则

《公共机构能源审计技术导则》（GB/T 31342—2014）由国家机关事务管理局公共机构节能管理司提出。该标准规定了公共机构能源审计的定义、程序、方法和基本要求等内容，是公共机构审计的基本参照。

1. 第 5.2 节信息收集

（1）要收集公共机构基本信息，包括地理位置、成立时间、单位性质、规模、用能人数或员工人数等。

（2）要收集公共机构能源资源管理方面的信息，包括管理机构设置及其职责、管理制度文件、管理活动记录档案等。

（3）要统计公共机构建筑物的总体构成情况，具体包括建筑物的建造及营运时间、建筑功能、建筑类型、建筑面积、空调及采暖面积、建筑层数、建筑高度、建筑运行时间等；要统计公共机构建筑物围护结构信息，具体包括外墙材料及厚度、保温材料及厚度、外窗类型、玻璃类型、窗框材料、遮阳情况、屋顶材料及厚度、保温材料及厚度等。

（4）要查阅公共机构用能基本信息，具体包括能源资源消耗/消费数据原始记录、统计报表、费用账单，统计公共机构从基准期到审计期的能源资源消耗种类及数量；查阅能源资源计量网络图、能源资源计量器具台账、维修及校验记录等；查阅能源资源计量数据监测记录等资料，梳理能源资源监测设备配置及运行情况，收集能源资源计量数据采集方式与周期，监测方式及效果等方面的信息。

2. 第5.4节现场工作

（1）制定现场工作计划，具体包括现场调查形式、时间、内容、人员、调查表模板等，现场测试项目、点位、时间、周期、频率、监测仪器、测试条件和质量保证等。

（2）现场调查，可采取现场巡视、实地勘察、走访座谈等多种形式进行，调查内容为能源资源消耗/消费年度变化趋势、季节变化因素和特点。

（3）现场测试，根据需要进行主要用能系统、设备的现场测试，具体包括供暖系统、空调系统、供配电系统、照明系统、用水系统等。

3. 第5.5节分析评价

（1）完善数据。在数据收集基础上，根据现场工作进一步补充、验证、修正已有数据。

（2）能量平衡分析。建立公共机构用能系统并建立用能系统中输入能量、有效利用能量和损失能量在数量上的平衡关系，针对用能过程进行能量平衡分析，识别能源利用效率低、能源消耗大和损耗多的环节、单元，并分析存在的问题。

（3）综合分析。

1）能源资源消耗/消费总量分析。根据能源资源种类分别计算公共机构基准期到审计期各年度、月度实物消耗/消费量，分析公共机构能源资源消耗/消费年度变化趋势、季节变化因素和特点。

2）能源资源费用成本。按能源资源种类分别计算公共机构基准期至审计期各年度能源资源消耗费用，并对公共机构能源资源消耗费用变化因素进行分析，计算并分析审计期内各类能源资源费用成本及其占比。

3）能源资源消耗指标。计算公共机构基准期到审计期各年度能源资源消耗指标：① 将公共机构各年度实际消耗的各种能源实物量进行折算，计算公共机构年度综合能耗指标，分析公共机构能源消耗结构特点、年度综合能耗变化趋势；② 根据公共机构实际情况确定并计算公共机构各年度能源资源消耗强度指标，对比分析能源资源消耗强度指标变化及影响因素，能源资源消耗强度指标可以是单位建筑面积能耗、单位建筑面积电耗、单位面积水耗、人均能耗、人均电耗、人均水耗、单位床日数能耗等。

4）回收利用率。根据公共机构能源资源回收利用实际情况，计算基准期至审计期各年度回收利用率，分析评价能源资源回收利用措施的节能效果，能源资源回收利用一般体现在余热回收和水资重复利用等方面。

5）新能源与可再生能源利用率。根据公共机构新能源与可再生能源利用实际情况，计算基准期至审计期各年度新能源与可再生能源利用率，分析评价相关利用措施的节能效果。

（4）主要能源资源利用系统分析。

1）供暖系统。结合公共机构实际用能特点和需求，分析供暖系统运行记录，说明系统的运行现状及特点，梳理供暖系统热源、热网、热用户的设备配置和系统形式，进行分析评价：① 核算管网总的热负荷，判断供热设备及附属设备选型的合理性；② 核算管网最不利管段的水力计算，判断水泵选型的合理性；③ 核算供暖系统主要设备能效水平，核实系统中是否存在国家明令淘汰设备在用的情况；④ 分析说明供暖系统存在的问题。

2）空调系统。结合公共机构实际用能特点和需求，分析空调系统运行记录，说明系统的运行现状及特点，对空调系统冷源、管网、末端的设备配置和系统形式，进行分析评价：① 分析空调系统的选型是否符合建筑物的用途和性质，负荷特点、温湿度调节和控制要求，空调机房的面积和位置是否合理；② 核算冷热源设备运行时间、负载率、冷却塔回水温度设定值是否合理；③ 判断泵的选型是否合理，二次泵系统的控制调节是否合理，阀门设置是否合理，输配系统是否畅通；④ 分析评价空调系统主要运行控制的合理性；⑤ 核算主要空调设备能效水平，核实系统中是否存在国家明令淘汰设备在用的情况；⑥ 分析说明空调系统存在的问题。

3）供配电系统。结合公共机构实际用能特点和需求，分析供配电系统设备配置和运行特性，进行分析评价：① 计算变压器负载系数，分析变压器空载损耗和负载损耗，判断变压器容量和台数配置的合理性；② 核验多台变压器负载分配情况，用电设备的实际电压，判断供配电系统线路设计的合理性；③ 计算供配电系统中主要变压器的能效水平，核实系统中是否存在国家明令淘汰设备在用的情况；④ 计算低压配电线损率；⑤ 分析说明供配电系统存在的问题。

4）照明系统。结合公共机构实际用能特点和需求，梳理照明系统设备配置情况及运行管理方式，进行分析评价：① 分析照明系统中不同光源的使用情况，包括类型、控制方式、数量、功率、使用场所、使用时间段等；② 计算照度和功率密度，判断是否符合相关标准要求；③ 核算照明系统主要光源、灯具和镇流器能效水平，核实系统中是否存在国家明令淘汰设备在用的情况；④ 分析说明照明系统存在的问题。

5）用水系统。结合公共机构实际用水特点和需求，说明公共机构用水系统概况，从水源的选择与利用、生活热水供应、用水设备以及用水管理等主要方面进行分析评价：① 分析用水系统的水源选择与利用情况，按照水源类型分别说明给水压力及主要用途，如有非传统水源应说明利用非传统水源的论证分析情况和相关水质检测情况；② 说明取水、输水、配水系统的设备配置及运行情况，判断主要用能设备的选型合理性；③ 说明生活热水的热源、设备配置及运行情况，分析加热方式和主要设备选型的合理性；④ 对不同用水设备进行分类汇总，分析评价其用水效率，明确节水器具及设备的采用情况和采用比例；⑤ 核实系统中是否存在国家明令淘汰设备在用的情况；⑥ 按用途分别测算用水量及其年度变化情况；⑦ 分析说明用水系统存在的问题。

6）其他用能系统。对办公设备、电梯系统、厨房用能设备等常规用能系统以及通信机房、实验室等其他特殊用能系统进行梳理，说明和分析设备配置、运行方式、用能特点和存在问题。

（5）能源资源管理状况和绩效分析。

1）目标和方针。针对已经明确能源管理目标和方针的公共机构，考察其合理性；对尚未确立能源管理方针和能源管理目标的单位进行说明。能源管理方针和目标应根据公共机构实际情况，在执行国家能源政策和有关法律、法规，充分考虑经济、社会和环境效益基础上，加以确定并以书面文件形式颁发，使有关人员明确并贯彻执行。

2）管理机构设置。考核公共机构能源资源管理工作的组织机构及部门设置是否完善，管理职责是否落实。公共机构应建立、保持和完善能源资源管理系统，确定能源资源主管部门，并且配备足够的了解节能法律法规政策与标准、具有一定工作经验、相应技术和资格的人员来承担能源资源管理和技术工作。能源资源管理岗位设置、对应职责和权限应有明确规定，并有效协调安排相关部门和人员完成各项具体能源资源管理工作。

3）管理制度建设。核查公共机构能源资源管理制度建设情况，评估有关文件的制定是否系统、完备并得到贯彻执行。能源资源管理制度文件可分为管理文件、技术文件、记录档案 3 个层面，管理文件应程序明确、相互协调、简明易懂、便于执行，技术文件应参照国家、行业和地方能源标准，内容准确、先进、合理；记录档案应按规定保存，作为分析、检查和评价能源资源管理活动的依据。能源资源管理文件的制定、批准、发放、修订，以及废止文件的回收应有明确规定，确保文件准确有效。

4）管理绩效。考核审计期内公共机构在能源资源管理方面所开展的工作及其进展情况，评价能源资源管理取得的成绩、存在的问题，提出解决措施及建议。

（6）能源资源计量及统计状况评估。

1）能源资源计量器具配备。考核公共机构配备的能源资源计量器具是否充分考虑《公共机构能源资源计量器具配备和管理要求》（GB/T 29149—2012）的指导作用，评价能源资源计量器具配备率、准确度等级是否达标，主要计量器具位置是否合理、计量是否规范，是否能满足能源资源利用监测与管理的具体要求。

2）能源资源计量器具管理。考核公共机构能源资源计量器具是否有专人管理，能源资源计量器具检定、校准和维修人员是否具有相应的资质，核算逾期未检定器具的位置和数量，评价能源资源计量器具维护更新的有效性。

3）能源资源统计。审核公共机构能源资源计量器具的抄表、数据管理、汇总计算及分析的执行情况，以及能源资源统计的内容、方法及报表形式等是否符合相关法律法规、政策、标准要求。

（7）节能效果与节能潜力分析。

1）节能技改项目节能效果分析。对公共机构基准期至审计期内完成的节能技改项目进行汇总分析，分别说明项目名称、改造日期、改造内容、投资金额和实施方案，核算节能技改项目已取得的效果。针对新能源与可再生能源、余热余能利用情况应进行重点分析和说明。

2）节能量核算。确定比较基准，计算公共机构审计期的节能量和节能率，并对公共机构节能指标的分解、完成情况进行对比分析。

3）节能潜力分析与节能改造建议。结合公共机构能源资源消耗情况、能源资源利用系统存在问题，全面分析公共机构可利用能源资源基础条件，测算公共机构节能潜力，并从管理、技术两个途径提出合理的节能改造建议方案：① 管理途径的分析重点包括：完善能源管理体系和制度，优化设备运行管理，行为节能措施，完善计量系统等；② 技术途径的分析重点包括：优化能源品种结构、设备升级改造、围护结构改造、采用先进的控制系统等。

第二节　公共机构用能特点

2020 年，全国公共机构约 158 万家，2020 年全国公共机构能源消费总量 1.64 亿 t 标准煤，约占全部公共建筑能源消耗的 55%，单位建筑面积能耗 18.5kgce/m²，人均综合能耗 330kgce/人。预计到"十四五"末，公共机构单位建筑面积能耗和人均综合能耗分别下降 5%、6%。

公共机构主要类型包括政府机关、学校、医院、文体场馆等，数量分别占 34%、27%、9%和4%，如图 1-1 所示。本节重点介绍 4 种公共机构典型场景的基本情况和用能特点。

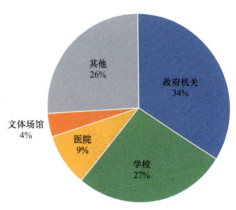

图 1-1　公共机构分类与占比

一、政府机关

（一）基本情况

各级政府机关办公楼功能主要为行政办公及业务服务。近年全国办公楼（包括政府机关办公楼、商业办公楼等）建设速度已经显著放缓，并慢于全国房地产开发速度。2023 年 1～8 月份，房屋施工面积和新开工面积均同比下降，办公楼也是如此；房屋竣工面积 4.37 亿 m²，增长 19.2%，其中办公楼竣工面积 0.13 亿 m²，增长 16.9%，见表 1-5。

表 1-5　　　　　　　　2023 年 1～8 月份全国房地产开发情况

指标	绝对量	同比增长（%）
房屋施工面积（其中办公楼面积）/万 m²	806415（31962）	−7.1（−5.8）
房屋新开工面积（其中办公楼面积）/万 m²	63891（1662）	−24.4（−23.4）
房屋竣工面积（其中办公楼面积）/万 m²	43726（1289）	19.2（16.9）

（二）用能特征

1. 用能种类

各级政府机关办公楼用能以电力为主，以天然气为辅。电力用于空调、照明、饮用水、办公设备等多个系统；天然气用于采暖、炊事等领域。用电结构受地域影响较大，南方地区电能占比高达 70% 以上，而北方地区因冬季采暖需求，天然气或市政热力会占一定比重，电能占比平均约 50%，随着清洁取暖需求持续提升，电能占比有望逐步提高。

2. 用能设备

政府机关办公楼用能设备类型相对固定，整体能源架构基本相同，主要用能系统包括供暖系统、空调系统、照明系统、办公系统、动力系统、综合服务系统。能耗主要集中在照明和暖通方面，可高达 70% 以上。根据《2020 年上海市国家机关办公建筑和大型公共建筑能耗监测及分析报告》，国家机关办公建筑分项用电占比为：照明与插座 38.7%、空调 31.7%、动力 8.6%、其他 21%。

3. 用能时间

政府机关工作时间相对固定、全年累计用能时间较短。从日内来看，办公楼用能时间非常固定，呈明显的"朝九晚五"特征，政府机关典型日电力负荷曲线如图 1-2 所示。从周内来看，由于工作日人流量相对固定、节假日人流量较少，建筑能耗也随之在工作日较高、节假日较低。从全年来看，由于建筑具有采暖和制冷需求，能耗还会呈现夏冬两季高、春秋两季相对较低的特点。

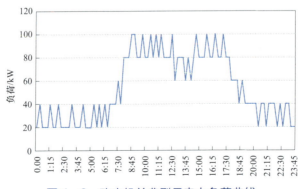

图 1-2 政府机关典型日电力负荷曲线

二、医疗机构

（一）基本情况

根据国家统计局对 2013—2022 年我国医院和医疗卫生机构数量的统计，我国医院数和医疗机构数逐年增多，这与我国老龄化发展趋势密切相关。2013—2022 年我国医院和医疗卫生机构数量如图 1-3 所示。

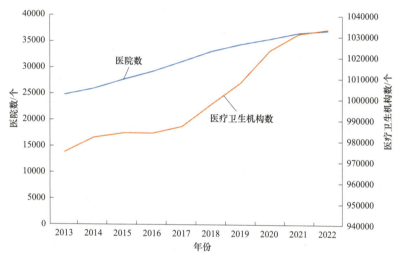

图 1-3　2013—2022 年我国医院和医疗卫生机构数量

（二）用能特征

1. 用能种类

医疗机构用能有别于其他公共机构，其用能安全关系到民生保障，整体建筑功能涵盖行政办公、经营服务、住院餐饮等多元化场景。医疗机构能源种类主要以电力、天然气、蒸汽为主。医疗机构的能耗具有较为明显的地域特性，以上海市为例的南方城市医院的电力消耗占比更大，约占能源消耗总量的 65%；而北方某医院的能源消耗占比为：电 32%、天然气 39%、市政热力 22%、其他 7%。

2. 用能设备

医疗机构用能系统种类相对其他公共机构而言更为全面，涵盖了空调供冷及供热、生活热水、照明、医用蒸汽、动力、食堂炊事、医疗设备、办公设备等。其中空调系统、蒸汽系统和生活热水系统能耗占比较大。以某医院为例，各系统用能占比为：空调系统 42%、照明 12%、消毒蒸汽 8%、生活热水 12%、厨房用气 3%、其他 23%。

3. 用能时间

医疗机构用能时间长、用量大，除门诊办公区以外，大部分区域全天 24 h、每周 7 天均处于使用状态，医院典型日电力负荷曲线如图 1-4 所示。除此之外，在过渡季节，并未达到供暖所要求的室外平均温度时，医疗机构出于对医疗环境的舒适性考虑，不得不采用提前供暖、延期供暖和设置辅助热源等方式，满足使用要求。医疗机构具有人员密度大、用能系统复杂、医疗电气设备多、基础设备运行时间长、环境要求特殊等特点，因此，医疗机构建筑能源安全和空气品质要求比其他公共建筑要求高，因而后勤保障工作要求高。并且，高品质的室内环境、就医环境的热舒适对于病人疗养恢复健康是非常有益的，不可能降低热舒适性的标准来达到节能目的。医疗机构业务科室和后勤办公部门的工作时间不一，常见部分负荷启动或局部能源供应的情况，因而"大马拉小车"现象普遍存在。部分医疗机构的用能分布相对集中，约 30%～70%的用能分布在门急诊部门，同时，25%～40%的用能分布在病房住院部门。

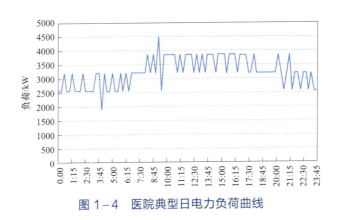

图 1-4　医院典型日电力负荷曲线

三、教育机构

（一）基本情况

根据国家统计局对 2017—2022 年全国各级各类学校数量的统计，2017—2020 年学校数量呈增长趋势，2020—2022 年呈减少趋势，这与新生儿数量逐步减少、乡镇小学合并密切相关。2017—2022 年全国学校数量如图 1－5 所示。

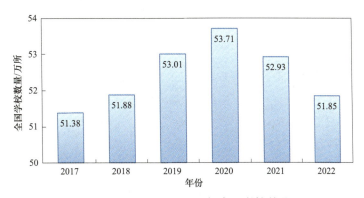

图 1－5　2017—2022 年全国学校数量

（二）用能特征

1. 用能种类

教育机构的建筑功能主要为教学培训及行政办公，受学校学段、规模、建造年代的影响，能源消耗存在差异较大。中小学整体与政府机关办公楼的用能特征有些类似，用能以电力为主，以天然气为辅。而高校比中小学用能略为复杂一些，白天行政办公和教学培训，晚上还增加学生自习、住宿、活动等功能，所以每所高校都具有完备的行政、教学、住宿、活动及生活设施，能源消耗量很大，年电力消耗总量占全国年电力消耗总量的 5%，单位面积电耗是普通居民家庭单位面积电耗的 4 倍以上。

2. 用能设备

教育机构用能系统主要包括空调系统、照明系统、生活热水系统、办公设备等。由于学校师生数量较多，在集中教学时段，教室需要保持舒适的温度，对供暖、制冷需求较高，暖通空调系统的能耗较高。此外，学校教室、宿舍、公共区域均需要照明，这也是能耗偏高的一个重要因素。

3. 用能时间

由于教育机构普遍存在寒暑假，其能耗呈现显著的季节性特征。寒暑假期间，学生宿舍、食堂、教室、实验室等能耗明显下降，此时正值居民住宅和商业建筑采暖或空调制冷的用能高峰期，因此，学校用能具有明显逆高峰特点。教育机构用电时间十分集中，教学楼的主要用能时间段是 8:00～22:00，办公楼的主要用能时间是 8:00～18:00。小学和高校典型日负荷曲线分别如图 1-6 和图 1-7 所示。

图 1-6　某小学典型日电力负荷曲线

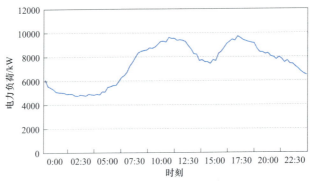

图 1-7　某高校典型日电力负荷曲线

四、文体场馆

（一）基本情况

我国文体场馆包括图书馆、博物馆、体育馆、艺术表演馆等，各类场馆数量如图 1-8 所示。根据国家统计局的数据，近年我国公共图书馆、博物馆和艺术表演机构的数量逐年缓慢上升，2022 年图书馆、博物馆和艺术表演机构的数量分别为 3303 个、6091 个和 3199 个。然而，我国体育机构数量却逐年减少，但由于基数较大，2022 年数量仍为 6682 个，居各类场馆数量之首。

图 1-8 2017—2022 年我国主要类型场馆数量

（二）用能特征

1. 用能种类

文体场馆建筑功能主要为功能性服务及行政办公，能耗以电力、天然气为主。不同类型的场馆根据内部设施用能种类不同、用能量不同，用能结构也不同。公共图书馆、博物馆等与政府机关办公楼的用能特性类似。体育馆因体育项目不同而有所差异，比如，冰雪项目有制冰需求，游泳、跳水项目有消毒、制热需求，这些会导致体育场馆产生额外的电力、天然气、热力需求。根据文献《北方高校体育馆建筑能耗模拟分析》，某东北省份体育馆建筑面积 11600m²，坐席数为 3000 人，冬季供暖时间 11 月—次年 3 月，在建筑供暖、制冷、照明 3 项能耗中，供暖能耗占到 76%，制冷能耗占到 11%，照明能耗占到 13%。体育馆比赛厅所总能耗占全馆总能耗的 50% 以上，是体育馆中能耗最大的区域。

2. 用能设备

文体场馆建筑的用能设备包括常规用能系统和特殊功能用能设备。因这些场馆普遍设置行政办公区，所以都具备暖通系统、照明系统、生活热水系统、电梯系统等常规用能系统。因文体场馆的特殊功能要求，还会增设一些特殊功能的用能设备，如动力系统、制冰系统、消毒系统、表演灯光装饰系统等。文体场馆当前正朝着集文化、艺术、娱乐、休闲、商业于一体的方向发展，因此，其用能特点也越来越趋近于商业建筑。

3. 用能时间

文体场馆建筑因为长期对公众开放，用能时间长且用能人数多，需要保持良好的舒适性，所以建筑整体能耗高。部分文体场馆用能较为规律，比如，图书馆、博物馆等在闭馆时间能耗偏低，开放期间能耗较高。部分文体场馆用能极不规律，比如，体育机构、艺术表演机构等因赛事、文艺演出等，存在用能短时间尺度的快速增长，没有活动的时候能耗偏低。某文化场馆典型日电力负荷曲线如图1-9所示。

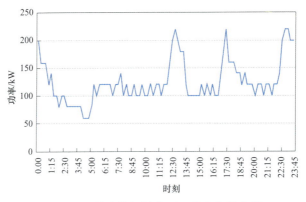

图1-9　某文化场馆典型日电力负荷曲线

第三节　公共机构主要能源系统

本节重点对供暖系统、制冷系统、生活热水系统、照明系统、配电系统等5种公共机构中最为常见的能源系统进行介绍。

一、供暖系统

为了维持室内所需要的温度，必须向室内供给相应的热量，供暖系统即是这种向室内供给热量的工程设备。根据采暖方式，主要可分为市政供暖和设备类采暖两类。其中设备类采暖包括中央空调采暖、地暖、热泵采暖及电锅炉采暖等。

（一）中央空调采暖

中央空调系统制热通过电动四通阀的转换，将经过压缩机压缩的高温高压液体直接进入室内机冷凝器、释放出大量的热量，由风扇排放到室内，吸收室内的冷空气；系统制冷剂经膨胀阀节流后通过室外机蒸发器由液体转换为气体，将在室内机吸收的冷空气经室外机蒸发器和风扇将冷空气排到室外，制冷剂通过管道回到压缩机吸气端，通过循环达到制热目的。

（二）地板辐射采暖

地暖以不高于 60℃ 的低温水作为热媒，使其科学分布于地面层下的热水盘管，均匀辐射加热整个地面，并以整个地面为散热面，利用地面自身的蓄热量向房间各个角度辐射热量，来达到取暖的目的。地板辐射使人"温足凉顶"，体感良好。地面蓄热量大，室内温度变化缓慢，热稳定性好；热媒低温输送，输送过程热损失小，节能效果好；地暖可充分利用低温热水资源，运行费用低。

（三）地源/水源/空气源热泵采暖

地源/水源/空气源热泵是以电能作为初始动力，吸收土壤、水、空气中的热量/冷量进行制热/制冷的设备，冬季从土壤/水/空气中取热，向建筑物供暖；夏季向土壤/水/空气中排热，为建筑物制冷，实现低品位热源向高品位热源的转移。热泵是一种高效节能的制热装置，其性能系数（Coefficient of Performance，CoP）为 2.5～6.0。地源热泵机组利用地下常温土壤温度相对稳定的特性，通过深埋于建筑物周围的管路系统与建筑物内部完成冷热交换。水源热泵机组通过水循环系统与单独的水泵连接，吸收地下水、河流或城市给排水等水源的热量/冷量，对建筑进行制冷或供暖。空气源热泵吸收空气中低品位热能/冷能，并对其进行做功转化，输出高品位热能/冷能。

（四）电锅炉采暖

电锅炉将电转化为热水、蒸汽或有机热载体，通过加热管网端部对各种设备进行换热，以实现直接加热的要求。包括直热式电锅炉和蓄热式电锅炉。

二、制冷系统

夏季建筑供冷设备主要类型有集中式机组、多联式空调、分体式空调等。其中，集中式机组包括水冷式/风冷式冷水机组、地源/水源/空气源热泵、溴化锂吸收式机组等。配套设施包括冷却水泵、冷冻水泵、冷却塔等。

（一）水冷式/风冷式冷水机组

冷水机组是一种能提供恒温、恒流、恒压的冷却水设备，通过蒸汽压缩或循环达到制冷效果，输出比环境温度低的冰水，对空气或设备进行降温处理。

冷水机组可分为水冷式和风冷式，两者区别主要在于冷凝器的不同。水冷式机组的冷凝器主要通过循环冷却水来带走热量，风冷式工业冷水机采用风扇作为散热。

水冷机组一般设置在地下机房内，并在屋顶或室外地面配有冷却塔。

风冷式冷水机组采用空气冷却方式，省去了冷却水系统的冷却塔、冷却水泵和管道系统，避免水质过差地区造成冷凝器结垢、水管堵塞，还节约了水资源，是冷水空调设备产品中，保养维修最经济、简单的机种。风冷式冷水机组比水冷式冷水机组一次性投资要稍高，但是全年运转费用要低于水冷式冷水机组。风冷式冷水机组的噪声和体积较水冷式冷水机组要大，一般安装在室外。

（二）地源/水源/空气源热泵

具体见上一节介绍。

（三）溴化锂吸收式机组

溴化锂机组可分为制冷机组与供暖机组。制冷机组是利用热能作为机组的能源，通过溴化锂和水之间的吸收与释放，由水作为制冷剂循环来达到制冷的目的。供暖机组根据提供供热能的方式，溴化锂机组又分为直燃型（燃油、燃煤气或燃天然气）、蒸汽型（热网蒸汽或自备锅炉提供蒸汽）及热水型（热网热水或自备锅炉提供热水）。

（四）多联式空调机组

多联式空调俗称"一拖多"，指的是一台室外机通过配管连接多台室内机，室外侧采用风冷换热形式、室内侧采用直接蒸发换热形式的空调系统，可以理解为放大版的分体空调。

（五）分体式空调

与家用空调相同。

（六）冷却水泵

冷却水泵是制冷过程中为产生的回水增压输送至冷却塔的设备，如暖通制冷循环、浴室冷暖水循环增压设备及配套。

（七）冷冻水泵

冷冻水泵是制冷过程中为冷媒水增压输送至末端使用的设备，是冷冻水循环系统的一种设备，一般应用于中央空调等大型制冷设备中。

（八）冷却塔

冷却塔是以水为循环冷却剂，利用水与空气流动接触后进行冷热交换产生蒸汽，蒸汽挥发带走热量，从而散去制冷空调中产生的余热来降低水温的蒸发散热装置。

三、生活热水系统

生活热水系统是建筑给排水系统的重要组成部分，是指建筑内为淋浴、饮用等生活使用提供热水的生产、输送设备。

（一）集中热水供应系统

集中热水供应系统在锅炉房、热交换站或加热间将水集中加热，通过热水管网输送至整栋或几栋建筑。集中热水供应系统设备集中便于管理，加热设备热效率较高，热水成本较低。但是，设备、系统较复杂，建筑投资较大，需有专门维护管理人员。

（二）地源/水源/空气源热泵

具体见上一节介绍。

（三）太阳能热水系统

太阳能热水系统是将太阳能转换为热能来制备热水的系统，必要时与辅助热源（如电热水器、燃气锅炉等）配合使用。目前，多个省市均有强制要求设置太阳能热水系统的相关规定。

四、照明系统

照明系统包括自然光照明系统、人工照明系统及两者结合构成的系统。我国建筑物建设对照明系统的要求不断提高，建筑物的照明系统不仅提供照明服务，还要实现对建筑物氛围、环境的有效烘托。具体包括照明设备和照明感应系统。

（一）照明设备

1. 光源

光源是通常是指照明产品中的灯头或模块，放置于灯具内产生光的可见辐射。常见光源类型、节能性和能效比见表1-6。实际应用中，光源还可分为可替换光源和不可替换光源。

表1-6　　　　　　　　　常见光源类型、节能性和能效比

光源类型	节能性	能效比/（lm/W）
LED荧光灯	极高	80～200
高压钠灯	高	80～140
金属卤化灯	较高	75～115
紧凑型荧光灯（CFL）	中等	50～70
白炽灯	极低	10～15
压铸铝路灯（汞灯）	低	30～60

2. 灯具

灯具是分配、透过或改变一个或多个光源发出光线的器具，包括支承、固定和保护光源所必需的所有部件，以及必需的电路辅助装置和连接到电源的装置，但不包括光源本身。

3. 镇流器

镇流器在照明系统中比较常见。电感镇流器可以在自感的过程中形成高电压，并对照明回路进行限流，从而提升照明回路的电流稳定性。但是电感镇流器在工作过程中会持续发出振动和噪声，加之电感镇流器的体积较大，在运行过程中会持续产生热量，因此很容易出现烧毁现象。电子镇流器将交流电的中频切换为高频，能进一步限制电流，确保照明设备正常工作，对于延长照明设备的使用寿命、提升发光稳定性、解决照明频闪具有重要作用。

（二）照明感应系统

1. 感应装置

通过安装各类感应装置实现对照明设施（配电柜、灯具）进行精细化、智能化管

控，实现"遥测、遥控、遥信、遥调、遥视"等功能，包括单灯控制器、环境/气象传感器和视频摄像机等。单灯控制器是对路灯进行远程开关、调光及电量监测的控制装置，采用有线或无线通信方式与集中控制器、网关或系统平台进行通信。环境/气象传感器可远程监测城市各点位的环境或气象数据，主要是光照强度，路灯可以根据光照强度进行亮度调节或关闭。视频摄像机主要用于安防监控和交通监控，通过捕捉实时场景信息，当检测到人员活动时，系统可以根据摄像机的反馈调整照明亮度，提高安全性或便利性。

2. 智能化管控平台

智能化管控平台可通过网关实现对照明系统的远程操作，对挂载设备进行通信和管理，从而提升照明系统的自动化水平，实现远程控制、数据采集、视频监控、信息发布、公共服务和指挥调度等功能。此外，还可利用云计算对照明系统的运用效果进行详细的数据挖掘，实现对照明系统的智能化改造，针对有较高照明需求的区域进行优化设计，提升智能化照明系统的可靠性。

五、配电系统

根据公共机构能效诊断主要工作内容，建筑配电系统需诊断的用电设备包括变压器、充电桩及分布式光伏。

（一）变压器

按设计节能序列划分，常用建筑变压器包括 S9、S10、S11、S12、S13 等型号，S9～S13 型变压器均是国内新型的节能变压器，其中"9""10""11""12""13"为设计节能序号，序号越大，变压器能效越高。单号变压器能效标准是国家标准，双号变压器能效标准是企业标准。

S9 型变压器的容量为 30～600kVA，空载损耗为 130～2400W。S11、S13 型变压器主结构与 S9 型变压器相同，但空载损耗则较 S9 型分别降低 30%、50%。S10、S12 型变压器是部分厂家自行推出的型号，空载损耗分别介于 S9 型与 S11 型之间、S11 型与 S13 型之间。

（二）充电桩

充电桩是指为电动汽车提供能量补充的充电装置。

按充电类型，充电桩主要包括交流充电桩和直流充电桩，交流充电桩一般具有小电流、小桩体、安装灵活等特点，充电时间一般为 6～8h，适用于小型乘用电动车，多应用于公共停车场、大型购物中心和社区车库；直流充电桩一般具有大电流，大桩体、占用面积大等特点，主要适用于电动大型载客车、中型载客车、混合动力公交车等。

按与电网互动方式，充电桩可分为普通桩、有序充电桩和 V2G 充电桩，普通桩不具备互动能力，仅能单向接受电网电力；有序充电桩仅单向接受电网电力，但较普通桩加装了智能控制系统，可根据电网峰谷情况对充电功率进行智慧调节；V2G 充电桩具备与电网双向互动能力，既可以充电，也可以根据电网需要将电动汽车电能反向供给大电网。

（三）分布式光伏

分布式光伏发电是指位于用户附近，所发电能就地利用，以 10kV 及以下电压等级接入电网，且单个并网点总装机容量不超过 6MW 的光伏发电项目。

分布式光伏发电量可以全部上网、全部自用或自发自用余电上网，具体模式由用户自行选择，用户不足电量由电网企业提供。

按照投资主体不同，分布式光伏可分为工商业分布式光伏和户用光伏两类。工商业分布式光伏是指工商业资本利用工商业企业自有建设用地范围内的屋顶或地面建设的分布式光伏，通常安装在工业厂房、商场、超市、学校、医院、车站等各类企事业单位的建筑物屋顶。户用光伏指城乡居民等自然人利用其房屋不动产所有权或宅基地土地使用权范围内的屋顶或地面建设的分布式光伏。

按照光伏安装位置不同，可分为建筑光伏和地面光伏。建筑光伏主要是利用建筑物及其附属设施建设，地面光伏主要是利用荒山荒坡、滩涂、水面等建设。

第四节　公共机构常见用能问题

公共机构在能源消费、节能提效等方面普遍存在一定问题，在双碳背景下显得更为突出。

（一）建筑能耗水平整体较高且呈增长趋势

以医院为例，由于医院建筑使用用途的特殊性，其单位面积的用能水平远高于居住建筑。同时，随着医疗技术及环境的改善，大型医疗设备的增加及就诊人数逐年增加，能耗始终呈增长趋势。同时，大量既有医院建筑存在围护结构不节能、空调设备老化等因素，导致建筑能耗水平呈现逐年上升趋势。

（二）能源浪费现象普遍存在

由于公共机构用能属性及能源管理制度的不健全，普遍存在用能行为不规范的问题，如办公室内开空调时开窗、温度设定不合理或无温度设定装置、离开办公室不关空调不关灯、办公设备待机能耗高等现象。

（三）能耗采集和分项计量基础较为薄弱

由于公共机构建筑能耗调查多集中在能耗总量上，用于分项能耗采集和计量的信息平台建设较为缺乏，大多数政府机关办公楼没有分项能耗记录，管理者难以知道能耗较大或浪费较严重的环节和设备。

（四）设施设备陈旧、能耗高

很多公共机构建筑修建年代久远，围护结构远不能达到最新节能标准，建筑保温性能较差；空调系统运行多年，设备落后、管道老化、能耗水平居高不下，维修率也不断上升；不少建筑仍使用不节能灯具；先进的楼宇自动控制技术也未使用。

（五）节能改造资金不足

随着节约型机关创建要求的不断推进，各公共机构对节能减排日益重视，积极争取资金开展专项节能改造，但多以中小规模为主，如局部更换节能灯具、加装节水龙头等；大规模的节能改造资金拨款困难，审批流程长，常拆分成多项改造逐年推进，系统性不强。

（六）能源管理专业性规范性不强

部分公共机构能源管理粗放，缺乏专业的能源管理人员，缺乏完善的能源管理制度；部分管理人员缺乏管理系统运行相关基础知识，仅负责保证设备正常运行而不管理能耗水平，常因错误操作导致系统高能耗运行。

第五节　公共机构能效提升主要措施

结合当前建筑领域能效提升典型经验，公共机构提高能效可采取多种技术手段，以及能源托管等先进商业模式。

一、技术手段

公共机构提高能效可采用的技术措施包括能源管理平台建设、采暖通风空调系统改造、照明系统能效提升、电梯系统能效提升、生活热水系统能效提升、智能配电系统建设、新能源项目建设等。

（一）能源管理平台建设

政府机关办公楼通过构建物联网平台，建立综合能耗计量分析系统，并对主要机电设备进行智能管控，如冷热源主机设备管控、末端空调集中管控、照明集中管控等，实现绿色智慧运营。

依据政府机关办公楼实际管理需求，将后勤支持保障系统相关设施、能源与业务的动静态数据通过平台进行汇聚，并在此基础上建立集能源监控、重点设施智能控制与运营、业务管理和决策支持等功能于一体的运营管理平台。通过平台对机关建筑设施设备运行工况数据与能耗数据的横向和纵向分析，能够及时掌握机关建筑和重点设施设备的基础信息和能效水平。

（二）采暖通风空调系统改造

1. 中央空调系统能效提升

办公楼大多使用中央空调系统，其节能改造技术包括以下方面：① 冷热源系统设备改造，包括更换新型高效的冷热源主机设备、增加中央空调群控系统及采暖气候补偿系统；② 水泵风机等输配系统改造，包括变频调速技术、风系统水系统平衡调节技术等；③ 空调末端设备改造，包括增加末端集中控制系统管控设备开启时间及设置温度等。

2. 多联机空调系统能效提升

少数办公楼配置多联机空调，其节能改造方式包括：① 直接更换高能耗的老旧设备；② 为空调机组配置通信接口及智能网关，接入到能源管理平台，通过能源管理平台对多联机空调系统进行集中控制；③ 通过在多联机室外机的供电电源回路上配置三相多功能电力监控终端，在空调非工作时间和非空调季节切断其工作电源，有效避免空调待机所产生的能源浪费。

3. 分体空调系统能效提升

极少数办公楼使用大量的分体空调，除了更换老旧空调外，可通过部署智能插座，对分体空调进行集中管理，实现分体空调供电回路的远程开关控制、自动断电及待机负荷控制，自动化控制及远程监控，实现计量及控制双重功能，对各种电力参数进行实时测量，对各空调进行精细化管理，减少空调待机能耗。

（三）照明系统能效提升

除了节能灯具更换外，照明控制系统的建设也将大幅提高照明能效。

在走廊、楼道、门厅等公共区域部署照明控制模块、红外感应器。系统通过智能照明控制模块对公共区域照明系统采用照度或定时方式实现人工远程控制、定时控制、照度控制、分组控制等多种控制模式。能源管理系统信息化平台对公共建筑内的公共区域照明进行远程统一集中管理。

针对地下停车场照明，在不降低光照度的情况下，通过采用智能照明控制箱联动红外传感器，在白天地下车库车流量比较大的时间段，用定时功能开启灯光，其他时间保持部分车道灯光亮起，其他灯光通过移动感应器控制，做到"车来灯亮、车走灯灭"，减少停车场能源浪费。

（四）电梯系统能效提升

白天电梯使用频繁，使用时间几乎没有高峰低谷之分，大部分电梯几乎一直处在运行状态，制动相当频繁。因此，可采用电梯群控技术、变频调速控制和安装电梯能量回馈装置，进行节能改造。

（五）生活热水系统能效提升

当生活热水系统采用燃油、燃气、市政蒸汽、电加热（电锅炉）作为热源时，可以考虑将热水热源更换成空气源热泵系统；同时，针对带回水且长期循环供水的热水系统，可以考虑供水系统的恒温、恒压控制改造。如有蒸汽冷凝水或废热，还可考虑热回收制取热水或对生活热水进行预热。

对于电开水炉，可以通过配置远程控制装置实现定时控制，并对开水器配电回路运行参数进行实时计量监测，在非工作时间切断回路电源，既降低了电开水器 24h 一直通电运行的电能损失，同时又避免了热水反复加热对人体产生的危害。

对于洗浴热水，不同学校之间热源存在差异，常见的有煤锅炉、天然气锅炉、电热水器和太阳能热水器，对于前三者可以采用空气源热泵替代。空气源热泵具有 COP 值高、易于控制、零排放的特点，节能效果显著。

（六）智能配电系统建设

智能配电领域可进行的改造包括对高压计量柜监测、对变压器安全监控、对低压联络柜、低压回路、电容补偿监控，对环境监测与视频联动、变压器群控等。通过增加对变压器状态等监控手段，对电能进行分类、分项的统计，为相关部门对建筑的节能分析、节能诊断、能源定额管理、能源审计、能耗公示等能源管理工作提供数据支撑。

（七）新能源项目建设

公共机构建筑普遍有大量屋顶资源，可考虑建设分布式光伏发电系统，白天直接为建筑供电；公共机构工作时间相对规律，用电负荷存在明显的峰谷时段，可考虑结合应急电源建设配套储能系统；随着新能源汽车拥有量的增加，可考虑增加充电桩的建设。

二、商业模式

当前阶段，公共机构能源管理粗放，节能空间大；同时，公共机构能源费用预算稳定，财务风险可控，是开展能源托管型合同能源管理的良好场景。

公共机构能源托管是指能源服务公司对公共机构能源的购进、使用以及用能设备效率、能效指标等进行全面承包管理，并提供资金进行技术更新和设备改造，进而实现节能降费、完成国家能耗考核指标等目标。

（一）能源托管主要内容

1. 数字化平台建设

安装各类传感器采集能源消费相关的各类数据，实现消费账单可视化，搭建能源管理平台，实时监测分析能源系统运行现状，辅助管理节能和技术节能的优化决策。

2. 技术节能

通过对暖通空调系统、照明系统、给排水系统等的主要用能设备进行高能效设备的替换与改造，实现节能降耗。

3. 管理节能

对照明、暖通空调、生活热水等系统，依据环境属性和使用属性要求，进行动态手工或自动化策略控制，实现能源最优化使用。

4. 分布式能源应用

通过安装光伏发电系统、太阳能热水系统、空气源热泵、储能等设施，最大限度地使用清洁能源或低成本能源，实现节能降耗。

5. 需求响应

聚合建筑内暖通空调、储能等可调节负荷参与电力需求侧响应，获取增值收益。

（二）能源托管项目投资建设方式

根据能源托管项目投资额、收益、托管期限等实际情况，可以选择合适的项目投资建设方式。

1. 全托管方式

对于用能设备能效等级高、管理粗放的项目，能源服务公司根据用能单位能源资源消耗情况，全面承包业主方的水、电、暖、气等所有能源管理工作，只负责开展管理节能，不进行设备投资改造。

2. 托管 + 用能单位投资方式

在能源托管前，用能单位对现有重点用能设备出资改造更换，能源服务公司根据实际情况进行打折托管。

3. 托管 + 投资方式

在能源托管过程中，用能单位需要更换重点用能设备设施，其改造资金由能源服务公司提供，并根据实际情况提高能源托管费用，由节能改造企业对能源服务公司投资进行担保。

第六节 常 用 术 语

本部分对公共机构能效服务常见的专业术语进行系统梳理并解释说明。常见术语包括基本概念类、能耗统计类、能效服务类等三大类，共计 31 个专业名词。

一、基本概念类

基本概念类名词主要包括公共建筑、公共机构、公共机构办公区、集中办公区、独立办公区、建筑面积、采暖/制冷面积、数据机房面积、建筑围护结构及用能人员 10 个名词。

1. 公共建筑

公共建筑是指供人们进行各种公共活动的建筑，主要包括：① 办公建筑，如写字楼、政府部门办公室等；② 商业建筑，如商场、金融建筑等；③ 旅游建筑，如旅馆饭店、娱乐场所等；④ 科教文卫建筑，如文化、教育、科研、医疗、卫生、体育建筑等）；⑤ 通信建筑，如邮电、通信、广播用房等；⑥ 交通运输类建筑，如机场、车站建筑、桥梁等。

2. 公共机构

公共机构是指全部或者部分使用财政性资金的国家机关、事业单位和团体组织，包括各级政府机关、事业单位、医疗机构、教育类机构、文化体育科技类场馆等类型。

3. 公共机构办公区

公共机构办公区是指全部或者部分使用财政性质资金的国家机关、事业单位和团体组织的办公用房。

4. 集中办公区

集中办公区是指 2 个及以上公共机构合署办公，且建筑面积达到 1 万 m^2 或使用人数达到 500 人以上的建筑或同一院落的建筑群。

5. 独立办公区

独立办公区是指在具有独立门牌号的单体建筑或多栋建筑群中，仅有一家党政机关的办公形式。

6. 建筑面积

建筑面积是指房屋外墙（柱）棱角以上各层的外围水平投影面积，包括阳台、挑廊、地下室、室外楼梯等，且具备上盖、结构牢固、层高 2.2m 以上的永久性建筑。

7. 采暖/制冷面积

采暖/制冷面积是指建筑内需要供暖/制冷的室内面积总和。建筑采暖/制冷面积应该包括需要加热/制冷的所有房间和走廊，但通常不包括储藏室、车库和其他未使用的空间。

8. 数据机房面积

数据机房面积是指数据机房的建筑面积，数据机房是公共机构单位专门用于放置数据处理、数据存储、网络传输等 IT 设备，并有不间断电源、空气调节等保障设备的独立建筑区域；在统计公共机构能耗时，数据机房能耗水平宜单独评价。

9. 建筑围护结构

建筑围护结构是指建筑物及房间各面的围护物。

10. 用能人员

用能人员是指统计期内公共机构的日均人员数量（全年拜访人数平均到一天），具体计算方法需根据公共机构类型及各省地方标准进行计算。

二、能耗统计类

能耗统计类名词主要包括建筑能耗、建筑能耗指标、能耗定额、审计期、综合能耗、单位建筑面积综合能耗、单位供暖建筑面积供暖能耗、单位建筑面积非供暖能耗、人均综合能耗、人均非供暖能耗、分类能耗、分项能耗、数据机房能源使用效率、节能量、约束值、基准值及引导值 17 个名词。

1. 建筑能耗

建筑能耗是指建筑使用过程中消耗的外部输入能源，包括维持建筑环境的用能（如供暖、制冷、通风、空调和照明等）和各类建筑内活动（如办公、家电、电梯、生活热水等）的用能。

2. 建筑能耗指标

建筑能耗指标是指根据建筑用能性质，按照规范化的方法得到的归一化的能耗数值。

3. 能耗定额

能耗定额是指在用能定额管理期间内（通常为 1 年），建筑实现使用功能所允许消耗的建筑能源数量上限值。

4. 审计期

审计期是指审计考察的时间区段。

5. 综合能耗

综合能耗是指公共机构运行过程中，1 个统计报告期内（一般为 1 年），实际消耗的各种能源实物量折算为标准煤的总和，单位为 kgce/a。

6. 单位建筑面积综合能耗

单位建筑面积综合能耗是指公共机构运行过程中，1 个统计报告期内（一般为 1 年），综合能耗（公务用车能耗除外）与建筑面积的比值，单位为 kgce/m^2·a。

7. 单位供暖建筑面积供暖能耗

单位供暖建筑面积供暖能耗指公共机构运行过程中，1 个供暖期内，用于供暖消耗的能源实物量折算为标准煤的总和与供暖建筑面积的比值，单位为 kgce/m^2。

8. 单位建筑面积非供暖能耗

单位建筑面积非供暖能耗指公共机构运行过程中，1 个自然年内，除供暖能耗、交通工具用能和数据机房用电之外消耗的各种能源实物量折算为标准煤的总和与建筑面积的比值。建筑面积应核减数据机房建筑面积，单位为 kgce/m^2。

9. 人均综合能耗

人均综合能耗是指公共机构运行过程中，一个统计报告期内（一般为 1 年），综合能耗与用能人数的比值，单位为 kgce/p·a。

10. 人均非供暖能耗

人均非供暖能耗指公共机构运行过程中，1 个自然年内，除供暖能耗和数据机房用电之外消耗的各种能源实物量折算为标准煤的总和与用能人数的比值。单位为 kgce/p。

11. 分类能耗

分类能耗是指根据建筑消耗的主要能源种类划分的能耗，包括电、水、燃气（天然气、液化石油气和人工煤气）、集中供热量、集中供冷量、柴油、建筑直接使用的可再生能源及其他能耗。

12. 分项能耗

分项能耗是指根据建筑中各项按用途划分的用电能耗，一般包括照明插座用电能耗、空调用电能耗、动力用电能耗和特殊用电能耗等。

13. 数据机房能源使用效率

数据机房能源使用效率（Power Usage Effectiveness，PUE）是指数据机房运行过程中，1 个统计报告期内（一般为 1 年），电能消耗总量与信息设备电能消耗量的比值。

14. 节能量

节能量是指满足同等需要或达到相同目的的条件下，能源消耗/能源消费减少的数量。

15. 约束值

约束值是指保障公共机构正常办公前提下，所允许的相关能耗指标限定值。

16. 基准期

基准期是指用于比较分析的某个特定的时间区段。

17. 引导值

引导值是指保障公共机构正常办公前提下，采取更加有效的节能管理和技术措施后所能达到的相关能耗指标期望目标值。

三、能效服务类

服务类名词主要包括能效服务、能效公共服务、公共机构能源审计、能效对标、能效标杆、能效领跑者、分项计量、能源管理平台8个名词。

1. 能效服务

能效服务是指提供能效业务的咨询、规划、设计、诊断、运维和评估等能源服务，实现冷、热、电、气等能源综合开发利用、推进终端用能电气化、提升能效水平和实现用能友好互动的行为。

2. 能效公共服务

能效公共服务是指为工商企业、园区、公共建筑、农业及居民等各类用能单位提供业务咨询、数据监测、诊断分析、智能推荐、服务评价等具有公益性质的服务。

3. 公共机构能源审计

公共机构能源审计是指依据有关法律、法规和标准，对公共机构的用能系统、设备的运行、管理及能源资源利用状况进行检验、核查和技术经济分析评价，提出改进用能方式或提高用能效率建议和意见的行为。

4. 能效对标

能效对标是指用能单位对其能源利用效率及能源利用的相关指标进行收集整理，并与先进能效水平进行对比分析、确定能效标杆、寻找差距、制定改进方案、实施改造、评估、持续改进的实践活动。

5. 能效标杆

能效标杆是指用能单位在某一时期选定的要达到或超越的能效水平。

6. 能效领跑者

能效领跑者是指按照"同类可比、优中选优"的原则，在已获得"节约型公共机构示范单位"称号的公共机构中，遴选出的能效水平有代表性的公共机构。

7. 分项计量

分项计量是指通过对建筑空调、照明、配电、采暖等重点系统与设备安装分路能耗计量仪表，实现对设备与系统级别的能源消耗量进行监测与计量，掌握不同设备系统的能源使用情况。

8. 能源管理平台

能源管理平台是指用能单位对各分项计量数据进行集中汇集、分析、监控的后台软件管理。能源管理平台具备的主要功能包括监测功能、分析功能及控制功能。监测功能可对用能数据进行测量、记录与展示；分析功能可对用能数据进行统计；控制功能对用能设备或系统的运行状态、参数等进行控制，包括但不限于对空调末端的启停、温度控制，灯具开关等。

第二章

管理要求

本章立足国家电网公司能效服务业务管理视角,对公共机构能效服务的公司文件、岗位职责、工作流程等进行说明,旨在帮助能效专业人员掌握公司制度要求和业务流程概况。

第一节 能效服务的意义

一、发展"供电+能效服务"的意义

2020年7月,国家电网公司首次提出"供电+能效服务"的概念。国家电网公司能效服务是以供电服务为基础,以电为中心,聚焦客户用能优化,通过电能替代推进终端用能电气化,开展综合能源服务提升全社会能效水平,实施需求响应实现电网与用户友好互动,具有经济高效、绿色智慧、多元灵活等特征的能源服务。能效服务包括公共服务和市场化服务。

当前,我国能源发展形势产生深刻变化。全面推进实现"碳达峰、碳中和"目标的路径逐渐明确,新型能源体系和新型电力系统加快构建,叠加局部区域部分时段电力供需偏紧,国家电网公司能效服务工作被赋予了更重要的战略意义。

国家电网公司开展能效服务是助力2030年前碳达峰目标实现的应尽之责。《2030年前碳达峰行动方案》(国发〔2021〕23号)明确提出实施节能减碳增效行动,建设能源节约型社会。经测算,节能提效对我国实现2030年前碳达峰目标的贡献最大,可达70%。因此,我国必须以节能提效为关键抓手,加快用能方式转变,以较低代价满

足工业化、城镇化发展对能源的刚性需求增长，有效控制碳达峰峰值，为碳中和创造条件。国家电网公司积极履行央企责任，针对"双碳"工作进行了全面部署，把节能提效放在突出位置，在能源传输、使用等过程中，坚持节能优先的能源发展战略，强化自身能效管理，并发挥电网连接供需两侧的优势，面向能源消费侧深入开展节能提效工作，助力重点领域如期实现碳达峰。

国家电网公司开展能效服务是保障能源电力安全供应的有效助力。近期，受多重因素影响，我国电力供应形势紧张，而当前我国人均电力消费量仅为经合组织国家的56%，随着现代化进程加快推进，电力需求保持刚性增长，供给侧仍将长期面临较大压力。同时，构建以新能源为主体的新型电力系统将推动新能源跨越式发展，电力系统"双高""双峰"特征日益凸显，保供应、保安全的挑战愈加严峻。为落实电网企业安全可靠供电的责任义务，国家电网公司在能效提升方面主动作为，依托"供电＋能效服务"模式，提升全社会节能节电意识，提升能源利用效率，缓解供给压力。

国家电网公司开展能效服务是满足工商业用户节能降本需求的重要手段。随着电力市场化改革深入推进，电价机制出现重大变化，市场交易电价浮动边界扩大，工商业用户全部进入市场，客户面临更大的电价上涨可能，节能降本的需求更加迫切。国家电网公司应积极发挥电力专业优势，满足客户多元化需求，深入开展能效公共服务和能效市场化服务，加强技术和商业模式创新，带动产业快速升级，为客户创造增量收益。

二、发展能效公共服务的意义

能效公共服务是由公司履行社会责任，利用能源数据信息资源，为社会提供免费能效分析产品和服务，搭建客户与能源服务市场主体供需对接平台，促进全社会节能减排的行为，具有普惠、基础、无偿的特征。

2020年底，国家提出"双碳"目标之后，国家电网公司基于能效服务概念，提出能效公共服务的概念，并进行了服务产品设计，发挥电网平台优势，广泛开展用电分析、能效诊断等能效公共服务，助力全社会能效水平提升和碳减排。

能效公共服务的意义如下：

（1）有利于落实国家能源消费革命要求，提高全社会能效水平，助力国家实现双碳目标。

（2）有利于降低客户用能成本，推动终端高效用能，促进社会经济高质量发展。

（3）有利于政府加强全社会能效管理，提高决策效率。

（4）有利于聚集社会能效服务资源，构建产业平台生态，带动相关产业发展。

三、发展能效市场化服务的意义

当前，我国正在着力推进实现"双碳"目标，推动能耗"双控"制度向碳排放"双控"制度转型，要求持续加强清洁能源开发利用，进一步控制化石能源消费总量，提高能源利用效率，降低碳排放强度，这对能效市场化服务提出了新要求，也赋予了新内涵。

发展能效市场化服务是助力国家"双碳"目标实现和能源安全新战略落地的重要抓手。能效市场化服务着重在能源消费侧发力，促进清洁能源开发和高效利用，加快技术与模式创新，激发能源市场活力，助力降低化石能源消费，提高能源利用效能。

发展能效市场化服务是支撑新型电力系统构建的重要举措。能效市场化服务可以在多能协同互补、分布式新能源开发利用、微电网建设应用等方面发挥积极作用，推动源网荷储协同互动，提高终端消费电气化水平，有利于电力系统安全高效运行。

发展能效市场化服务是推动国家电网公司战略落地的重要途径。能效市场化服务是综合能源服务的重要领域之一，综合能源服务作为国家电网公司战略性新兴产业的重要一极，能够延伸拓展公司产业链、价值链，打造新的利润增长点，培育公司基业长青新动能。

第二节　能效服务专业文件

自国家电网公司建设"供电＋能效服务"体系以来，能效服务专业共印发 4 项相关文件，分别为《国家电网有限公司关于实施能效服务的通知》《国家电网有限公司关于新形势下全面推进节能提效工作的意见》《国家电网有限公司关于全面开展能效公共服务工作的意见》《国家电网有限公司关于新形势下加快推进综合能源服务高质量发展的意见》。

一、《国家电网有限公司关于实施能效服务的通知》

本文件于 2020 年 7 月发布，首次明确了国家电网公司能效服务的基本概念、战略意义、总体要求、主要目标，并围绕职责分工、服务内容、业务融合、平台建设、核心能力、示范建设等 6 个方面部署了重点工作。

（一）基本概念

国家电网公司能效服务是以供电服务为基础，以电为中心，聚焦客户用能优化，通过电能替代推进终端用能电气化，开展综合能源服务提升全社会能效水平，实施需求响应实现电网与客户友好互动，具有经济高效、绿色智慧、多元灵活等特征的能源服务。能效服务包括公共服务和市场化服务。其中，能效公共服务主要依托省级智慧能源服务平台开展，包括电能监测、能效诊断、交易撮合等服务，通过挖掘客户深层次用能需求，引导客户按需选择市场化服务。能效市场化服务包括电能替代服务、综合能源服务、需求响应服务 3 类业务，主要以市场化方式，为客户提供规划设计、工程实施、系统集成、运营维护等服务。

（二）工作思路

深入贯彻落实国家"四个革命，一个合作"能源安全新战略，以国家电网公司"建设具有中国特色国际领先的能源互联网企业"战略为引领，以能效提升和清洁发展为方向，迭代优化能效服务组合方案；加强客户前端服务能力建设，强化后台技术支撑和项目实施；延伸客户内部能效感知，建设智慧能源服务平台；聚集社会能效服务资源，构建产业平台生态；推动国家电网公司经营水平显著提升，助力清洁能源开发利用，带动能效产业跨越发展，实现全社会能效普遍提升。

（三）基本原则

（1）坚持电为中心，突出发展重点。充分发挥电能在传输、转换、利用等方面的优势，以及我国新能源快速发展和规模等优势，以电为中心为客户提供定制化的用能解决方案，实现与其他能源互联互通和协调优化，促进新能源消纳，提升全社会能源利用效率。

（2）坚持数字驱动，推动高质量发展。灵活运用"大云物移智链"等先进信息技术，建立客户电能监测体系，夯实能效服务数字化基础，挖掘数据价值，提高服务智能化水平和服务效率。

（3）坚持合作共赢，打造繁荣生态。建设"绿色国网"和省级智慧能源服务平台，以平台为依托，加强社会合作，通过共商共建共享，构建各方参与、互利共赢的生态圈。

（四）主要目标

到 2025 年，全面建成国家电网公司"供电＋能效服务"业务体系，实现数字技术在能效服务业务中深化应用，将能效服务业务打造成为国家电网公司重要的增长极，助力能效服务产业发展，为我国能源绿色转型做出贡献。

（五）重要任务

文件明确提出职责分工、业务融合、公共服务内容、市场化服务内容、平台建设、核心能力、示范建设等七大重点任务。

1. 明确职能分工，落实主体责任

（1）完善管理主体职能。各省公司作为能效服务业务的管理主体，应落实国家电网公司业务发展规划，优化资源配置，推动业务高效开展。各省公司营销部作为能效服务业务归口管理部门，制定能效服务业务实施方案，增加相应岗位职责，建立健全业务管理制度，指导市县公司做好能效公共服务；优化省营服中心专业部门设置，全面支撑能效服务业务。

（2）明确服务主体责任。市县公司作为能效公共服务的实施主体，落实能效服务业务实施方案，依托省级智慧能源平台开展能效公共服务，推进客户用能信息接入、平台功能优化、客户资源管理、能效市场化服务引导等工作。国网综能服务集团、省综能公司、省电动汽车公司作为能效市场化服务的实施主体，编制客户能效市场化服务解决方案，积极拓展市场，为客户提供规划、设计、建设、运营等服务。

（3）强化支撑主体功能。公司其他产业、科研、金融单位是能效服务业务的支撑主体。南瑞集团等产业单位优化调整内部组织机构，为省市供电公司做好技术支撑。中国电科院、国网能源院组建专业支撑机构，做好市场及政策机制研究、前沿关键技术与装备研发、技术标准体系构建等工作。国网英大集团等金融单位制定能效服务资金支持方案，为业务服务主体提供便捷低息贷款。

2. 推进业务融合，构建协同机制

（1）加强前端融合与业务中心支撑。各省公司加快制定供电服务与能效服务业务融合方案，统筹客户服务资源，推进大客户经理、业扩报装、用电检查等岗位融合；将能效公共服务纳入供电服务业务流程，依托供电服务网络和客户资源，开展能效公共服务。省营销服务中心、省级电科院等省支撑单位协同开展客户资源管理、能效诊断方案设计、经济技术分析、项目后评估等工作，强化业务中台支撑。

（2）强化主业产业协同。各省公司积极构建主业产业协同机制，加强各单位间的信息共享与协作。国网综能服务集团、省综能公司、省电动汽车公司为市县公司开展用能咨询、能效诊断等服务提供支持，共同设计服务产品组合，挖掘客户深层次用能需求，锁定能效市场化服务潜在客户。

3. 开展能效公共服务，规范服务标准

（1）设计能效公共服务内容。各省公司根据能效公共服务的核心内涵，结合本省实际情况，研究确定能效公共服务产品内容；组织市县公司及相关支撑单位，制定各类产品的服务标准，形成标准化业务流程；优先针对园区、工业企业及公共建筑，制定客户能源信息数据接入方案；完善业务支撑平台功能，编制依托平台自动输出的能效公共服务报告。

（2）开展客户用能结构普查。根据客户用能特点，将市场客户细分为园区、公共建筑、工业企业、农业及居民客户。省公司统一组织，市县公司前端团队人员具体实施，针对除居民外各领域用电量前 20%用电大户，常态化开展客户用能结构普查，搜集客户能源信息数据，动态掌握客户能效服务需求及意愿。

（3）制定能效组合解决方案。各省公司与产业单位合作深入分析各类客户需求痛点，采用"供电服务＋能效公共服务＋能效市场化服务"组合方式，匹配具体服务策略和内容，编制面向各类客户的典型能效组合解决方案；依托省级智慧能源服务平台，定期向重点客户推送；根据客户反馈意见，及时深化和更新能效组合解决方案。

4. 创新能效市场化服务，积极开拓市场

（1）设计能效市场化服务产品。各省公司根据能效市场化服务的核心内涵，结合本单位电能替代、综合能源、需求响应业务现状基础，研究明确能效市场化服务产品内容，统筹布局成熟型业务和前瞻型业务；针对项目规划设计、建设施工、设备采购、运行维护等环节，制定业务流程和标准规范，严控服务质量。

（2）积极开拓能效市场化服务市场。省综能公司建立能效市场化项目储备库，统一管理由能效公共服务锁定的或其他途径确定的潜在客户资源，并定期更新；规范增量客户和存量客户的项目实施流程，在业扩报装、用电检查、出具能效报告等环节，及时深入客户内部，寻找项目机会。国网综能服务集团在规划设计、风险控制、投研分析等方面，积极为省综能公司赋能。

5. 加强平台建设，创新服务模式

（1）加快省级智慧能源服务平台建设。相关省公司快速推进平台需求调研、架构设计、功能开发等工作，确保第二批试点单位年底如期上线；积极落实平台项目资金，开展功能测试、系统联调和运营推广，推进与营销业务应用系统的数据共享、融合联动，对内规范能效服务业务管理，对外开展公共用能服务、提供用能服务"一站式"解决方案。

（2）强化"绿色国网"窗口能力建设。国网综能服务集团统筹构建"绿色国网"主入口，实现省级智慧能源服务平台、智慧车联网、分布式光伏云网、国网商城等平台的交叉引流，推进赋能功能设计开发；加快制定"绿色国网"和省级平台集成规范，科学有序推进两者集成工作，实现彼此间应用和数据贯通。各省公司按照集成规范进行省级平台接口设计，配合完成集成需求梳理、联调测试等工作。

（3）开展客户用能感知能力建设。各省公司通过政府能源监管平台建设、客户用能托管等方式，开展客户侧用能感知关键技术应用推广，安装用能感知设备，采集客户用能信息数据，汇入省级智慧能源服务平台；利用大数据分析等技术手段，解析客户用能水平，快速、及时感知客户用能特征及变化，出具能效报告，反馈给客户。

6. 强化专业技术，构建核心能力

（1）提升从业人员技术能力。各省公司组织编制能效服务业务手册，规范服务内容，提升服务标准，以集中授课、现场教学、案例解读等多种形式，面向市县一线工作人员开展培训；制定专业技能认证方案，明确上岗资格，打造专业化能效服务队伍。通过劳动技能竞赛、市场业绩比对等方式激发员工热情。

（2）掌握一批关键技术装备核心技术。中国电科院、国网能源院持续加大能效服务关键技术研发投入；密切跟踪光伏、风电等清洁能源技术和储电、储热、储冷等各类储能技术发展，甄选最优技术路线；构建综合能源仿真规划模型，开发相关软件及应用；研发客户用能信息采集、计量、分析技术，以及能源控制器等装备产品，推动平台业务拓展和变现。

（3）构建能效评价体系。国网能源院、中国电科院积极对标国际先进能效水平和政府能源管理要求，构建工业、建筑、交通等领域的能效评价体系，重点提出工业能源系统和暖通空调系统的通用指标；明确数据采集要求，建立能效数据分析模型；加大能效评价体系推广应用，指导各省公司精准定位潜在客户。

（4）开展能效服务技术标准体系建设。中国电科院、国网能源院持续跟踪国内外能效服务相关管理和技术标准，制定能效服务相关设备技术参数、施工标准、数据采集及传输等方面的技术标准，形成企业标准体系，并适时提升为行业标准；充分考虑各地区资源禀赋和能效现状，制定可供一线人员使用的技术标准应用指南，推进能效服务高质量发展。

7. 加强示范引领，塑造卓越品牌

（1）开展示范项目建设。各省公司结合各地区实际情况，编制能效管理示范项目建设计划；应用先进技术装备，创新商业模式，在国家规划重点区域、国家级园区、区域重点企业、地标性建筑、公司所属办公楼宇等开展能效提升示范项目建设；编制具有地区特色、行业特色的示范项目集，为全社会树立能效服务典型。

（2）塑造公司能效服务品牌。各省公司通过产品发布、展览会、主题论坛、产业联盟活动等多种形式，广泛宣传公司典型项目成效，打造公司能效服务品牌；通过线上线下多种渠道传播节能减排理念，提倡清洁高效的用能方式，引导客户主动实施节能改造，树立优质服务商形象。

二、《国家电网有限公司关于新形势下全面推进节能提效工作的意见》

本文件于 2021 年 12 月印发，旨在落实国家电网公司电力供应保障工作会议上关于"需求响应优先，有序用电保底，节约用电助力"的要求，适应能源发展新形势。本文件系统分析了"双碳"目标、电力保供、电力市场化改革新形势下国家电网公司开展节能提效工作的战略意义，提出了"十四五"时期国家电网公司节能提效工作的总体思路、工作定位和工作目标，部署了重点工作。

（一）工作目标

到 2025 年，建成较为完备的公司节能提效业务体系和协同机制，实现数字技术在节能提效服务中深化应用，在电力供需保障中发挥积极作用，助力全社会能效水平显著提升。

1. 培育公司节能文化

在公司上下树立节能优先理念，将提高能效、节约用电贯穿于公司发展全过程、各方面。

2. 全面落实政府政策要求

与国家部委、地方政府建立高效联动机制，确保完成国家发展改革委"两个千分之三"节约电力电量考核要求，助力地方政府实现"双控"目标。

3. 能效公共服务广泛普及

低压客户（含居民）用能分析覆盖率达 50%以上；高压客户电能能效账单覆盖率达 95%以上，账单现场解读量累计超过 100 万户次。综合能效诊断报告累计推送量超过 200 万户次。

4. 能效市场化服务深入推进

聚焦工商业、公共建筑等重点领域，开展节能提效项目，节能率达 10%以上。

5. 技术支撑水平显著提升

27 家省级智慧能源服务平台实现全社会用能信息广泛接入，平台节能提效功能深化应用；研发形成具有自主知识产权的关键技术装备。

6. 机制建设日趋完善

公司节能提效业务体系基本确立，形成高效运转的协同机制，为公司节能提效业务提供有力保障。

（二）重点工作

文件明确提出公司节能、公共服务、市场化服务、平台建设、赋能体系、机制建设、示范宣传等七大重点工作。

1. 扎实推进公司节能工作

（1）厚植节能提效理念，加强"双碳"知识科普和政策要点宣讲，强化节能降碳意识；动员广大干部职工积极参与节能降碳增效行动，在公司形成崇尚节约、厉行节约的企业文化。

（2）深入开展电网节能改造，各省公司加快推进变压器能效提升治理，持续提高高效节能配电变压器在网运行比例；优化电网结构，强化节能调度，提高电网节能水平。

（3）强化配网负荷管控，确保电源点深入负荷中心、接入均衡；强化公司办公节能，探索用好管理节能、智慧用能的路径方法，推进现有建筑节能改造和新建建筑节能设计，推广采用高效照明、空调等节能设备，持续优化应用能源智能监管平台，充分利用清洁能源解决用能需求。

2. 全力服务政府推动节能降碳

（1）服务政府开展建筑领域节能，深入落实公共建筑节能政策，主动对接教育部、国管局等政府主管部门，通过签订战略协议等形式，不断扩大公共机构能源托管规模，推进校园"能效领跑者计划"落地，打造绿色建筑样板，形成示范效应。

（2）支持政府推进工业领域节能，深化落实工信部要求，继续开展工业企业节能诊断工作，不断提升现场诊断服务范围与质量；推动节能标准体系建设，积极参与5G基站、数据中心等领域节能标准编制，提升公司的产业影响力。

（3）配合地方政府节能工作深入开展，加强与地方政府沟通汇报，推动公司节能提效措施纳入地方能源规划，积极争取节能相关政策出台；发挥公司专业技术优势，为政府开展重点企业能效监测、碳排放监测工作提供支持。

3. 大力开展市场化节能提效业务

（1）深化开展综合能效服务，聚焦工业领域的通用用能系统及重点耗能设备，开展节能改造；持续推动楼宇用能优化、公共机构能源托管等建筑能效提升工作；为各类园区提供多能供应服务，挖掘园区企业余热余压余气资源，促进能源梯级利用。

（2）加快分布式新能源开发利用，以促进客户侧清洁能源开发利用、拓展优质市场为目标，积极开发园区、厂房屋顶光伏项目，因地制宜提供涵盖分布式光伏规划设计、投资建设、运营维护的一站式服务。

（3）积极拓展能源增值服务，依托省级平台及"绿色国网"，为重点客户提供能耗监测、智能运维、用能优化控制等数字化服务；紧抓电力市场化改革契机，积极实施市场化售电、需求响应、辅助服务、碳交易代理等交易类服务。

4. 深化信息化支撑平台建设应用

（1）推动"网上国网"功能深化，持续优化电能能效账单分析主题，完善服务质量评价功能，引导省公司开展现场解读，提升账单覆盖率和使用率。

（2）加强"绿色国网"建设应用，持续完善综合能效诊断报告，精准推荐节能提效服务产品。

（3）推进省级智慧能源服务平台功能迭代，加快构建平台运营监测体系，持续提升平台实用化水平；强化运营团队建设，常态化做好平台运营服务。

5. 持续做好节能提效工作赋能

（1）加强节能提效政策及模式研究，协助公司做好节能提效工作顶层设计。

（2）加快技术攻关和标准建设，深化重点行业能效分析技术和节能模型研究，开展能源模型库、标准库、策略库建设，推进关键标准的制修订；研究利用柔性设备、分布式能源、储能设备等提升能效水平的新技术。

（3）持续加强赋能能力建设，不断提升核心技术引进及产品集成能力，聚焦终端能效提升、能源综合利用等，通过收并购或联合研发等方式，培育一批具有自主知识产权的核心技术和装备。

6. 加强节能提效服务机制建设

（1）形成多专业协同机制，各省公司加快建立营销专业归口管理，发展、设备、后勤等专业参与的常态化联络协同机制，共同推进公司节能提效业务开展。

（2）深化能效服务与供电服务融合，省公司构建专业化支撑团队提供全流程供电和能效公共服务，打造主业产业高效协同模式。

（3）优化公司综合能源服务集团化运作机制，加快推进市场化机制的创新尝试，为省综合能源服务公司项目开发创造良好的条件；提炼公司系统内典型节能提效项目模式，逐渐形成全行业标准化解决方案，在省综能公司全面推广。

7. 营造全社会节能低碳良好氛围

（1）加强示范工程建设，聚焦示范效应好的大型园区、知名企业、地标性建筑、公司办公楼宇等，打造可复制的绿色低碳样板工程，推广先进技术与成熟模式，带动产业升级。

（2）积极做好交流合作，依托中国综合能源服务产业创新发展联盟、中国能源研究会综合能源服务专委会及其他相关行业协会等沟通交流平台，汇聚行业力量，加强对外合作，促进节能提效产业发展。

（3）强化对外宣传推广，发挥电网企业贴近群众特点，主动上门提供用能分析、优化用电方案等贴心服务；广泛开展节约用电宣传活动，宣讲节能政策、节电知识，宣传公司工作成效，树立公司品牌形象，营造节约用电良好风尚。

三、《国家电网有限公司关于全面开展能效公共服务工作的意见》

文件于 2021 年 2 月发布，首次提出了能效公共服务的工作思路、工作目标，明确了省电力公司、市县供电公司等业务实施主体以及国网客服中心、省营销服务中心、省电科院、省经研院等支撑单位的职责分工，确立了以电能基础分析、综合能效诊断、服务评价为核心的服务内容，并初步构建了业务实施流程。

（一）工作思路

深入贯彻落实国家能源安全新战略，以服务客户能效提升为目标，以推进公司能效服务组织体系建设为抓手，依托信息化支撑平台，构建"线上线下"高效协同的能效公共服务实施体系，面向广大用电客户，开展电能基础分析、综合能效诊断、服务质量评价等服务，提升客户能效意识，发掘能效提升潜力，引导客户积极提升能效，降低用能成本，助力国家清洁低碳发展。

（二）工作目标

加快推进"网上国网""绿色国网"、省级智慧能源服务平台（简称"省级平台"）能效服务功能建设应用，依托信息化平台，广泛实施线上电能基础分析、综合能效诊断等服务。2021年，实现注册低压（住宅、店铺）客户电能能效账单全覆盖，高压（10kV及以上）客户电能能效账单覆盖率力争突破90%，综合能效诊断报告服务客户超过10万户；推进市县公司业扩报装、用电检查、市场开拓等营销前端岗位融合，打造综合化服务班组，强化业务协同支撑，定期为潜力客户开展现场账单解读、案例推介等服务。

（三）工作内容

能效公共服务主要面向高压（10kV及以上）和低压（住宅、店铺）两类客户，根据客户用能特征，采用分类实施的原则，对高压客户开展线上线下协同的电能基础分析、综合能效诊断、服务质量评价等服务，对低压客户开展线上电能基础分析服务。

1. 电能基础分析服务

（1）用电信息收集。省公司实现营销业务应用系统、用电信息采集系统等与"网上国网"、省级智慧能源服务平台的数据贯通，为电能能效账单分析提供数据支持。

（2）电能能效账单生成与推送。省公司依托"网上国网"，利用客户电量、电费、负荷等基础数据，每月自动生成电能能效账单并推送至客户。为高压客户提供电量电费、峰谷电量电费、力调（功率因数调整）电费、变压器损耗和负载等分析服务，提出用电优化建议。为低压客户提供阶梯余量、月度用电趋势、电费预测等分析服务，生成形象标签、提出节约电量电费建议，帮助客户优化用电行为，提高客户节能环保意识。

（3）电能能效账单解读。市县公司营销前端岗位人员依托"网上国网"每月自动筛选电能能效账单，形成具有能效提升潜力的高压客户清单；结合日常业务向潜力客户解读电能能效账单，使用"绿色国网"和省级平台向客户展示相关案例、解决方案等，指导客户合理选择基本电费计收方案、优化峰谷用电方式、调整用电功率因数，引导其自主开展智能运维、市场化售电等能效提升服务。

2. 综合能效诊断服务

（1）用能信息收集。省公司将接受省综能公司的代运维、能源托管、需求响应等服务的客户用能监测数据接入省级平台；市县公司营销前端岗位人员在业扩报装、用电检查、市场开拓等日常供电服务工作中，开展用能信息普查，辅助客户将用能信息录入营销业务应用系统等相关平台；省市县公司加强与政府沟通汇报，主动承建省级能源大数据中心，将重点客户用能数据接入省级平台；客户安装"绿色国网"后，利用"绿色国网"的信息交互功能，自主录入用能相关信息。

（2）综合能效诊断报告生成与推送。各省公司依托省级平台，利用收集的客户用能数据，开展用能结构、能耗水平等分析诊断，每季度自动生成综合能效诊断报告，由"绿色国网"推送至注册客户。

（3）综合能效诊断报告解读。市县公司营销前端岗位人员依托省级智慧能源服务平台每月自动筛选综合能效诊断报告，形成具有能效提升潜力的客户清单；结合日常业务向潜力客户现场解读综合能效诊断报告，利用"绿色国网"App向客户展示相关案例、解决方案等，引导其自主开展能源托管、冷热供应等能效提升服务。

3. 服务质量评价

（1）满意度调查。"网上国网"和"绿色国网"分别向客户自动推送电能基础分析服务、综合能效诊断服务等满意度调查表，收集客户对于能效公共服务的评价和意见。

（2）服务回访。国网客服中心对评价结果为"不满意"或提出意见的客户进行电话回访，根据客户意见形成意见整改单，并推送给相关省级营销服务中心。

（3）整改跟踪。省级营销服务中心根据意见整改单，组织相关市县公司整改完成后，国网客服中心引导客户填写整改评价表，完成对整改情况的评价。

四、《国家电网有限公司关于新形势下加快推进综合能源服务高质量发展的意见》

本文件于2021年4月印发，旨在适应能源发展新形势，落实国家电网公司"一体四翼"发展布局，推动国家电网公司综合能源服务高质量发展。深化了"双碳"目标新形势下国家电网公司发展综合能源服务的重要性和必要性，明确了国家电网公司综合能源业务的发展定位和发展目标，确立了以"实体项目＋增值服务"为核心的业务布局，并从做实做细"供电＋能效服务"、锻造核心竞争力、加强政企合作协同等方面提出了发展创新举措，为新形势下推动国家电网公司综合能源服务高质量发展提供了工作方向。

（一）发展定位

致力于提供以电为中心的综合能源服务解决方案、行业标准，助力实现"双碳"目标，成为产业方向引领者；致力于综合能源服务核心技术攻关、商业模式创新，加速产业迭代升级，成为产业创新推动者；致力于做强做优线上服务平台和线下产业联盟，整合产业链优质资源，成为产业生态构建者。

（二）业务布局

公司综合能源服务主要包括实体项目和增值服务。

1. 实体项目

实体项目面向工业企业、公共建筑、农业农村等三大重点对象实施投资建设运营，其布局如图 2-1 所示。

图 2-1 公司综合能源服务实体项目布局

重点面向办公楼、医院、酒店、商场、交通枢纽、学校等大型公共建筑和数据中心等新型基础设施，开展楼宇用能优化、电冷暖供应、储能、光伏建筑一体化等项目，聚集以上公共建筑、工业等客户的各类综合性园区，开展区域能源站、微电网等实体项目。

2. 增值服务

即面向上述各类客户，围绕能源数字化、市场交易提供能源增值服务。能源数字化方面，依托"绿色国网"、省级平台，提供能耗监测、多能协同优化控制、智能运维等服务；能源市场交易方面，提供需求响应代理、电力交易代理、碳交易代理等服务。重点工作包括以下4个方面。

（1）做实做细"供电＋能效服务"。

1）夯实"供电＋能效服务"体系。将能效公共服务深度嵌入传统供电服务业务流程，打造"供电＋能效服务"综合化服务班组，进一步优化完善流程、标准、机制，提升市场前端业务运作效率。

2）加速能效公共服务体系向能效市场化服务的引流。巩固市场营销网络优势，充分利用"网上国网""绿色国网"、省级平台等线上渠道，开展客户能效诊断分析，形成综合能源服务潜力项目库，做好业务引流。

（2）全面提升集团化运作效率。

1）强化各主体协作关系。国网综能服务集团和省综合能源公司加强业务纽带关系，在项目实施、投融资、机制创新等方面大胆改革创新，并带动省管产业单位有序参与属地化项目实施。充分发挥省公司运营管理主体作用，利用联系政府、贴近客户的优势，在市场开拓、人才引进、政策争取等方面，加大对省综能公司的支持力度。

2）建立精准灵活的合作机制。持续扩大开放合作，加大混合所有制改革力度，积极引入社会资本，科学设置股权结构和治理机制，引进资金、技术、市场等资源，实现优势互补，强强联合。依托国网新兴产业发展基金，综合运用信贷、租赁、信托、供应链融资等手段，拓展融资渠道。

（3）锻造核心竞争力。

1）形成项目全流程实施能力。依托公司科研产业单位，加强技术集成与产品研制，打造整体解决方案，开发综合能源规划仿真、运行控制等软件，研发微电网优化运行、新能源发电增效等技术，研制物联采集、能源控制等设备。在中国电科院成立能效技术研发中心，主导编制行业标准、国家标准，打造具有自主知识产权的拳头产品。带动设计、施工、运维等主体参与项目实施，为客户提供一站式服务。

2）强化综合能源服务数字化支撑。推进省级平台线上线下服务协同，提高管理效率和服务质量。巩固"绿色国网"的平台生态作用，支撑产业资源汇聚和业态融合创新。

（4）加强政企合作协同。

1）形成常态化政企联动机制。依托"供电＋能效服务"，积极配合政府开展能效诊断、能耗在线监测、能源"双控"等工作。主动向政府汇报综合能源服务支撑能源转型的重要作用，推动将综合能源重点项目纳入地方能源规划。国网综能服务集团协同相关省综能公司，积极参与区域能源规划、智慧城市圈建设。

2）充分发挥产业联盟作用。依托中国综合能源服务产业创新发展联盟和各省行业联盟，搭建综合能源服务产业资源池，加强政策争取、标准制定、项目开发、培训交流等合作。强化与头部企业、科研机构的联合技术攻关。

第三节　岗位职能及工作流程

一、岗位职能

公共机构能效服务业务涉及的专业部门和单位包括国网营销部、公司直属科研单位、国网综能服务集团、平台管控组、省公司营销部、省营销服务中心、市县公司营销部、业务实施班组。

（一）国网营销部

国网营销部是公司公共机构能效服务业务的归口管理部门。负责制定国家电网公司能效服务规章制度和各年度目标；组织编制、优化公共机构能效服务标准化实施方案，建立健全考核评价体系，监督指导各级供电企业业务实施；负责组织开展"绿色国网"、公共机构节约能源资源综合信息平台等的建设和运营管理；统筹协调公共机构能效服务重大事项，负责与国家机关事务管理局沟通联系，争取政策支持；负责开展相关政策、技术、标准研究，建立人才培养体系。

（二）公司直属科研单位

公共机构能效服务相关的公司直属科研单位主要包括国网能源院、中国电科院、国网电科院等，是业务管理与实施的支撑单位。负责编制、优化公共机构能效服务标准化实施方案，负责政策、技术、标准等方面的研究工作，支撑建立人才培养体系。

（三）国网综能服务集团

国网综能服务集团是公共机构能效市场化服务的实施主体。负责编制公共机构能效市场化服务规划与年度目标；负责编制能效市场化服务项目标准实施方案，实施公共机构能效市场化服务项目；负责争取能效市场化服务相关政策；建立市场化项目人才培养体系。

（四）平台管控组

平台管控组负责"绿色国网"能效公共服务功能建设与运营管理，定期统计分析各单位建设、应用情况；负责把控"绿色国网"和省级智慧能源服务平台能效公共服务模块的建设质量，建立、优化数据治理规则；组织协调公共机构节约能源资源综合信息平台建设与运营工作。

（五）省公司营销部

省公司营销部是省公司公共机构能效服务业务归口管理部门。负责贯彻落实国家电网公司公共机构能效服务管理要求，建立健全省公司能效服务管理制度，负责制定省公司公共机构能效服务年度目标及工作计划；负责优化省营销服务中心专业部门设置，制定岗位和班组融合方案，设置相应岗位职责；负责对公共机构能效服务工作进行督查、考核、评价；负责省级智慧能源服务平台能效公共服务模块建设与运营管理。负责与省级机关事务管理局沟通联系，争取支持政策；指导地市公司营销前端岗位培训。

（六）省营销服务中心

省营销服务中心是省级业务管理与实施的支撑单位。负责组建专业支撑团队，优化省营销服务中心专业部门设置；根据本省实际情况，结合国家电网公司标准化实施方案，制定、优化本省标准化业务流程和业务评价体系，制定一线人员操作应用指南；根据国家电网公司省级平台建设标准化要求，深化省级智慧能源服务平台应用；协助省公司营销部开展客户资源管理、能效诊断方案设计、经济技术分析、项目后评估等工作；负责定期开展资讯信息收集，分析能效政策、行业动态等资讯信息；负责账单解读效果等日常评价，组织地市公司落实能效服务质量整改要求；根据本省公共机构能耗定额标准细分客户类型，多渠道向目标客户推送定制化能效服务组合方案；协助省公司营销部开展业务培训。

（七）市县公司营销部

地市、区县公司营销部是市县公司能效服务业务归口管理部门。负责贯彻落实省公司能效服务业务规范化管理标准要求，负责制定、分解能效服务年度目标及工作计划，负责对市县公司前端人员进行业务指导及岗位融合；负责开展客户用能信息收集，组织客户经理等能效服务业务执行人员，高效完成公共机构能效服务工作。

（八）业务实施班组

市场专业班、客户经理班、用电检查班等人员是公共机构能效服务业务执行人员，属于前端团队。遵守县公司营销部制定的能效服务管理规定，按照公共机构清单完成现场能效服务；认真参与业务培训，提升业务技术能力。

二、能效诊断工作流程

能效诊断工作流程包括管理流程和服务流程，如图2-2所示。管理流程是具有管理职能的相关单位工作流程，服务流程是指与客户相关工作流程。

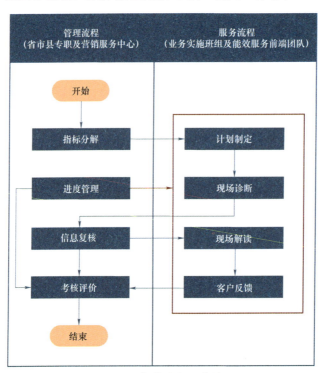

图2-2　能效诊断工作流程

（一）管理流程

管理流程包括指标分解、进度管理、信息复核、考核评价等 4 个环节。

1. 指标分解

省公司营销部根据年度工作目标，按照各地市实际情况及客户筛选办法，确定服务客户数量和清单，分解至各地市公司，省营销服务中心可提供技术支持。部分省公司缺乏客户信息档案，可先由地市公司率先提报意向客户，供省公司营销部参考。

2. 进度管理

省公司营销部对服务流程 4 个环节，要定期进行业务进度把控，确保各地市公司按时完成目标。可由省营销服务中心提供业务管理支撑。时间间隔可考虑周、月度、季度。对于逾期未完成的任务，应开展紧急督办。

3. 信息复核

省营销服务中心对地市公司收集填报的客户信息进行复核，可以全量复核，也可以部分复核，以确保客户信息填报的完整性和准确性。针对信息收集存在问题的客户，再次下发工单，请地市公司重新核实填报。针对能效诊断评分低的客户，推送给地市公司进行现场解读。

4. 考核评价

省公司营销部综合考虑指标完成情况、信息核查、用户评价等维度，设置评价指标，对相关单位进行考核评价。

（二）服务流程

服务流程包括计划制定、现场诊断、现场解读、客户反馈等 4 个环节。

1. 计划制定

业务实施班组根据上级下达的客户清单，通过电话远程联系客户，预约现场服务时间，制定工作计划。

2. 现场诊断

能效服务前端团队人员根据既定的现场服务时间，实地走访客户，使用移动应用进行现场打卡，填写收资表，请客户签字确认，完成信息上传。

3. 现场解读

地市公司根据省营销服务中心推送的现场解读客户清单，以及本单位自行确定的客户清单，组织专业力量形成能效服务柔性团队，面向客户管理层人员开展能效诊断报告解读，提出诊断建议，推介先进案例。

4. 客户反馈

能效服务前端团队人员告知客户登录"绿色国网"、反馈意见的方法，提醒客户及时反馈意见建议。

第三章

操 作 规 范

本章根据制定的工作流程，对公共机构能效服务的操作规范和标准化用语进行了详细说明，旨在帮助业务实施人员提升操作技能，顺利完成面向客户的能效服务工作。

第一节 任 务 接 收

一、任务目标

确认是否接收任务。接收后可执行信息预收集工作，若拒收则由地市专职重新改派任务。

二、任务流程

能效服务任务接收流程如图 3−1 所示，具体如下：

（1）市县专责下发公共机构能效服务任务。

（2）前端团队通过平台查看任务信息。

（3）前端团队判断是否接收任务。

（4）接收任务后，开展信息预收集流程。

（5）拒绝任务后，需填写拒绝理由，市县专责同意后重新分配任务。

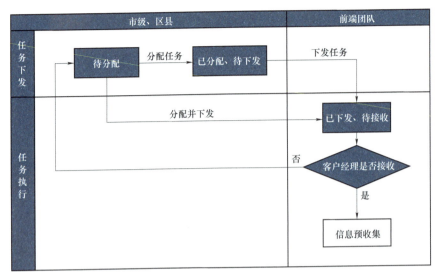

图 3-1　任务接收流程

第二节　信息预收集

一、任务目标

确认客户参与公共机构能效服务的意愿，引导客户登录"绿色国网"了解信息收集内容、填写信息收集表，并判断预收集信息是否满足诊断分析条件。

二、任务流程

信息预收集流程如图 3-2 所示，具体如下。

（1）任务接收后，前端团队应联系客户，向其介绍公共机构能效服务，确认其是否具有接受服务的意愿（沟通用语详见"标准用语"相关内容）。

（2）对于无意愿的客户：任务结束，并通过平台反馈结果。

（3）对于有意愿的客户：向其介绍需要收集的用能信息内容（可引导客户登录"绿色国网"查看），确认客户是否具备自主填写信息的意愿（沟通用语详见"标准用语"相关内容）。

（4）如客户可自主填写，向客户发送"绿色国网"地址信息，并引导客户完成信息预收集填报（沟通用语详见"标准用语"相关内容）。

（5）如客户无法自主填写或填报信息不完整，须与客户预约时间开展"现场信息补录确认"，并提示客户方需要协调相关专业的人员到场对接（沟通用语详见"标准用语"相关内容）。

（6）如信息完整，则可上传信息，通过省级平台进行能效数据分析与校验。

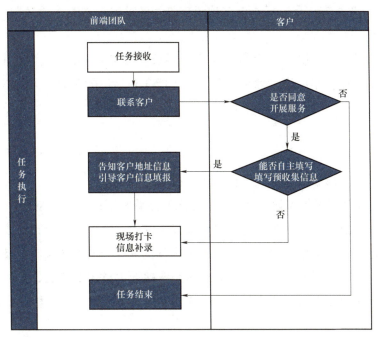

图 3-2　信息预收集流程

三、标准用语

（一）表明来意

场景说明：当前端团队收到任务单后，与对应客户联系，表明身份、目的和需求及对收集信息的反馈。

前端团队：

您好，请问是××主任吗？我是国网×××公司的工作人员，此次给您来电主要是想和您汇报，为了配合省机关事务管理局公共机构节能工作，我们作为他们的战略合作伙伴准备来为贵单位进行公益性的能效诊断服务，需要征询一下您的意愿，您看接下来占用您两分钟给您介绍下能效诊断服务可以吗？

客户应答：

（情况 1）业主方：可以。（跳转到"征询意愿"）

（情况 2）业主方：不好意思，我现在很忙，下次再说吧。

前端团队：好的，打扰您了，看我们能否约个合适的时间呢？（于约定时间重复"表明意图"，若仍不愿意则暂时放弃）

（情况 3）业主方：我可以不做这项工作吗？（跳转到"阐述意义"）

应避免用语：

就占用您两分钟，您听一下。（尽量少用要求性语句，且不要违背业主方意愿，否则容易导致其产生抗拒心理，效果较差，很可能在开始说的时候对方就准备挂断了）。

（二）征询意愿

前端团队：

我们这次能效诊断服务一般会根据该单位的用能特点，收集电、气、油、煤等能源使用情况，并开展现场调研工作，从而对您的能源利用情况进行整理、分析和评价，为您制定专属的能效诊断报告，促进贵单位降本增效。首先我们会让您线上填写一些基本信息，之后我们会根据您的填写情况对贵单位进行一次现场调研，最后根据调研资料生成贵单位的专属能效诊断报告并现场给您解读主要的节能点。

以上就是我们提供的能效诊断服务详情，请问贵单位是否愿意接受本次服务呢？

客户应答：

（情况 1）业主方：接受。（跳转到"表述工作"）

（情况 2）业主方：我可以不做这项工作吗？（跳转到"阐述意义"）

应避免用语：

我们需要您填一些基本信息……（建议不要一开始就先提要求）

（三）阐述意义

前端团队：

我们对贵单位提供的能源诊断服务是秉持着客户完全自愿的原则的，如果您同意的话，我们去现场给您做一次能效诊断，之后免费向贵单位提供专业的能效诊断报告和相应的解读服务，给您分析用能情况，提出节能提效建议，降低您的用能成本。并且根据国家发展改革委 2021 年 5 月印发的补贴办法 [《污染治理和节能减碳中央预算内投资专项管理办法》（发改环资规〔2021〕655 号），具体政策补贴视各省实际情况而定]，您还可以向政府主管部门申请经费进行节能改造。另外，国家现在也提出了"双碳"实施方案，对各省都提出了节能减排的要求，国管局也在 2023 年初发布了关于公共机构节能工作的通知[《关于 2023 年公共机构能源资源节约和生态环境保护工作安排的通知》（国管节能〔2023〕5 号）]，贵单位如果同意接受本次能效诊断工作既可以响应相关主管部门的要求，也可以体现贵单位的社会责任担当，具有宣传示范效应。

客户应答：

（情况 1）业主方：我愿意接受本次服务。（转到"表述工作"）

（情况 2）业主方：你们的节能方案/措施一般能降低多少能耗？

前端团队：这个得根据您的实际情况确定，所以我们需要对您的基础用能情况进行一次简单的信息调研，一般来说可帮助您节能 5%～10%。（转到"表述工作"）

（情况 3）业主方：我不愿意接受本次服务/我比较忙，下次再说吧。

前端团队：好的，打扰您了，如果您以后还有这方面的需要可以随时跟我们联系。

（情况 4）业主方：能具体给我讲讲政府补贴吗？

前端团队：根据国家发展改革委 2021 年 5 月印发的《污染治理和节能减碳中央预算内投资专项管理办法》（发改环资规〔2021〕655 号），您可以将项目资料汇总成资金申请表提交给省发展改革委，一般是第一年提报，如果通过审核，下一年政府会落实相关补贴资金，具体流程您可以搜一下这个文件。（之后转到"征询意愿"再次询问业主意愿，如愿意则转至"表述工作"，不愿意视同情况 3 处理回答）

避免用语：

（1）这个我们现在确定不了。（避免直接否定）

（2）我们能帮你节能 5%。（避免盲目许诺）

（3）国家鼓励公共机构进行节能改造，只要您进行××改造就可以拿到补贴。（目前相关文件只是提供了申请补贴的参考途径，并不能保证一定申请到补贴，请根据本省政策情况谨慎作答，不建议直接向用户承诺有相应的补贴）

（四）表述工作

客户问题 1：

业主方：需要我们干什么？

前端团队：感谢您的支持，我们需要您提供贵单位的能耗数据及设备、运行信息，初步分析后我们也会到贵单位进行现场调研，根据调研信息会形成诊断报告，然后我们会现场给您解读诊断报告，为您提供节能技改建议。

应避免用语：我们需要您先提供一些数据，后面的事儿咱们等收完数据再说。（尽量一次说清楚流程，不要漏掉需要用户提供的数据信息，且必须告知对方要去现场调研）

客户问题2：

业主方：我们在哪里填/我们怎么填？

前端团队：我们有一个"绿色国网"的App，您可以下载注册一下，里面有相应的能耗数据及能源设备表格、信息，辛苦您安排相关工作人员进行填写，如填写过程中有什么不理解的地方，可以随时与我们联系。

（情况1）业主方：我听着太麻烦了，我直接把数据给你们行不行？

前端团队：那我们发个表格给您，请您安排填一下。（导出表格，交换联系方式，跳转到"资料跟催"）

避免用语：不麻烦的，您下载下来看一下就明白了。（尽量避免生硬安排对方）

（情况2）业主方：听着太麻烦了，我可以不下载App或者你们有微信小程序之类的吗？

前端团队：可以的，这个App并不是强制下载的，咱们也可以采用直接填表的形式，稍后我们线上发个表格给您，请您安排填一下可以吗。（导出表格，交换联系方式，跳转到"资料跟催"）

避免用语：我帮您看看有没有微信小程序。（避免被对方牵制，并且不要做不确定的承诺，影响专业性）

（情况3）业主方：你们的这个"绿色国网"App在哪里可以下载？

前端团队：您可以在手机应用商城搜索"绿色国网"后进行下载。（发送App下载链接）

业主方：这个App我们下载了如何操作？

前端团队：辛苦您安排一位具体负责的工作人员，我们给您详细介绍下这个App的操作流程，便于您填写能耗数据。（发送App操作手册，讲解App优势，该部分内容另见第四章第五节）

应避免用语：第一步……第二步……（对方很可能只是顺便一问，没有做好记录准备，应先确认好对方的操作状态）

业主方：我们把数据在上面填写了，不会有什么安全问题吧？

前端团队：不会的，我们国家电网公司是央企，有很强的信息安全意识和完善的信息安全保障体系，在服务过程中，如果您单位对于参观者有类似信息安全保证书之类的文件我们也可以配合您单位的要求进行签字，保证数据安全是我们的第一要务，请您放心，您的信息不会泄露。

（五）资料填写

场景说明：信息预收集反馈，当客户及时填写信息资料时。

业主方：我们的信息已经在 App 上填写完成。

前端团队：收到，我们查看下。

情景 1：数据有缺失。

前端团队：

您好，我们看了您填写的信息，我们发现有部分的数据还没有填写，是遇到什么问题了吗？

客户应答：

（情况 1）业主方：这块数据我们不知道/没有。

前端团队：好的，（若本省或本地建设有公共机构能耗信息平台，则进行如下表述：如果您的能耗信息统计不完全，您可以在公共机构能耗信息平台上进行数据摘取）如果您对设备情况不明白，建议您可以联系设备厂家了解一下设备的详细信息；如果相关数据确实无法获取也没关系，咱们暂时跳过填别的部分就行。

（情况 2）业主方：表格这个地方看不明白/不会写。

前端团队：好的，填写这些资料确实需要一些专业的知识及背景，我们下一步会到您单位进行现场核验，您要是不确定的话，我们现场核验了再看如何填写，那我们预计×××时间左右去您单位现场进行一次现场调研，您看您方便吗。（时间约定过程略，下同），请您到时候安排一下相关负责的同事。

（情况 3）业主方：有一些数据我们不方便给出。

前端团队：我们的数据调研都秉持着自愿原则，如果您有不方便给出的数据也没有关系，我们这次可以先跳过这些部分。（不强求数据绝对完整，尤其是对方明确表示不方便时）

情景 2：数据完整。

前端团队：

您提供的基础数据我们已经开始分析了，感谢您对我们工作的大力配合，下一步我们预计×××时间左右去您单位进行一次现场调研，您看您方便吗，请您到时安排负责能源和设备的同事配合下。

（六）资料跟催

场景说明：客户未及时填写信息资料。

前端团队：

您好，上次发给您的资料您填写得如何了？我们近期想上门跟您交流下，如果资料填写有什么问题，我们可以一起解决，预计×××时间到您单位现场调研，您看时间方便吗？

客户应答：

（情况 1）业主方：好的/我们约××时间吧。（转到"现场信息核查"）

（情况 2）业主方：这个我们实在不会填写/填写太麻烦了，我们没空填写。

前端团队：好的，没关系，那您看什么时间方便，我们到您单位现场调研时咱们一起填写，到时麻烦您安排负责能源和设备的同事配合下。

业主方：好的，那我们约××时间。（转到"现场信息核查"）

第三节　现场信息核查

一、任务目标

现场信息核查任务接收后携带移动作业端去现场打卡，并在移动作业终端辅助下，核查能效诊断预收集信息。对现场建筑外观、主要用能设备（空调制冷系统、供暖系统、配电系统为必选项）外观、铭牌、能效标志进行拍摄上传。

二、任务流程

现场信息核查主要包括现场打卡、现场问询、现场确认、保存并上传信息 4 个子流程，如图 3-3 所示。

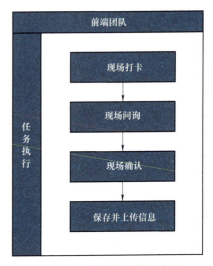

图 3-3　现场信息核查流程

（一）现场打卡

前往客户所在地，完成现场定位打卡；拍摄 1 张可体现客户单位名称、类型的照片并上传，照片参考样例如图 3-4 所示。

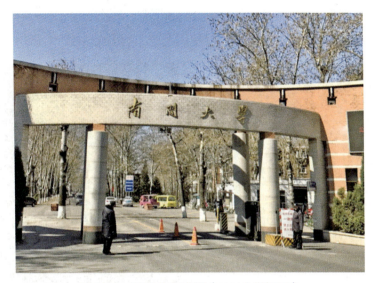

图 3-4 照片参考样例（××大学门口）

（二）现场问询

1. 问询步骤

步骤 1：向客户单位相关人员介绍公共机构能效服务主要内容。（沟通用语详见本章第二节相关内容）

步骤 2：说明预收集信息情况，提出数据补录需求。（沟通用语详见本章第二节相关内容）

步骤 3：依次问询公共机构基础信息、能源资源管理基本信息、建筑物及其附属设施基本信息、建筑主要用能设备系统信息表、用能基本信息表、建筑环境现场测试信息表中标记需现场收集的信息，对于客户无法填写的信息，通过现场查看进行补录。（沟通用语详见本章第二节相关内容）

2. 建筑基本信息收集表中部分信息收集方法

建筑基本信息收集表中部分信息收集方法注释如下。

（1）总建筑面积。由客户提供，并注意仅统计在使用的建筑总面积，未使用部分建筑面积应从总建筑面积中扣除。

（2）可利用屋面面积。指屋面上可用于分布式光伏开发的面积（屋顶设备、通风孔、障碍物遮挡等不宜利用），以客户提供信息为准。对于客户无法提供的，可下载卫星地图软件（如奥维互动地图、北斗卫星地图等），找到用户所在建筑，使用卫星地图测距或截取面积功能，得出建筑物理论屋顶面积，理论屋顶面积×0.6即为可利用屋顶面积。以奥维互动地图为例，其图标及使用示例分别如图3-5和图3-6所示。

图3-5　软件图标　　　　　　　　　图3-6　软件使用示例

（3）采暖/制冷面积。如客户无法提供，可根据"总建面积－地下车库面积"进行估算。

（4）用能人员。不同客户类型用能人员计算方法有一定差异，具体见表3-1。

表3-1　　　　　　　　　　用 能 人 员 计 算 方 法

机构类型	计算方法
政府机关、场馆类机构	常驻人数＋日均访问人数
医疗卫生类机构	常驻人数＋日均床位数＋日均门诊人数
教育机构	常驻人数＋学生数

注：可根据当地公共机构能耗限额相关地方标准要求进行调整。

（三）现场确认

现场问询结束后，与客户沟通前往建筑公共空间及制冷、采暖、配电、照明等主要用能系统现场查看，对建筑基本信息表、建筑主要用能设备基本信息表进行补录与确认。（沟通用语详见"标准用语"相关内容）

根据信息重要程度与验证难易度，将信息收集项按照是否要求现场验证分为以下两类：① 需进行现场验证的信息项，标记为"★"；② 以客户回复为准，不做现场验证，不做标记。

在客户现场开展能效服务时，需满足安全作业要求，详见《公共机构能效服务工作注意事项》。

1. 公共机构基础信息

公共机构基本信息见表3-2。其中，公共机构名称、详细地址、联系人及电话、用能人数等信息以客户提供为准；定额类型通过公共机构类型自行判断；空调系统类型通过现场走访时进行准确性验证。

表3-2　　　　　　　　　公 共 机 构 基 本 信 息

公共机构名称：	详细地址：
用电户名称：	联系人及电话：
组织机构代码：（自动识别）	用能人数：　　人

定额类型：
1. 政府机关类型
（1）□集中办公区：□分体空调、多联分体式空调系统
　　　□集中式空调系统
（2）□独立办公区：□省级机关：□分体空调、多联分体式空调系统　□集中式空调系统
　　　□市级机关：□分体空调、多联分体式空调系统　□集中式空调系统
　　　□县级机关：□分体空调、多联分体式空调系统　□集中式空调系统
2. 其他机构类型
（1）□教育类机构：□幼儿园　□小学及中学　□高职　□本科
（2）□医疗卫生类机构：□三级医院　□二级医院　□一级医院　□其他（疾控中心、血液站）
（3）□场馆类机构：
　　　□文化场馆类机构：□演出类（剧院、音乐厅等）□非演出类：□博物馆、纪念馆、文化馆、美术馆、
　　　　科技馆、图书馆、档案馆等
　　　□体育场馆类机构：□承办赛事类（体育场馆等）□非承办赛事类（体育中心、训练中心等）

2. 能源资源管理基本信息

能源资源管理基本信息见表3-3。现场诊断过程中，对于客户选择"是"的问题，宜结合问题内容向客户询问提供佐证材料，并拍照上传。

表3-3   能源资源管理基本信息

是否根据实际情况并结合国家能源政策和相关法律法规，明确了单位能源管理的目标和方针，以书面形式颁发并执行	□是□否
是否设置能源管理团队或能源管理机构及部门负责日常能源管理的组织、监督、检查和协调工作	□是□否
是否建立能源资源管理制度，并编制能源管理制度文件，包括管理文件、技术文件、记录文档等	□是□否
是否建立详细的用能设备管理台账，并对设备的运行情况进行统一管理	□是□否
是否委托专业管理团队对空调系统设备、动力设备进行统一管理及维保	□是□否
是否对建筑内主要用能设备进行日常巡检及能源消耗记录统计	□是□否
是否定期开展节能宣传教育活动，开展节能相关技能培训	□是□否
是否制定行为管理措施，如张贴"冬夏季空调温度设定要求""随手关灯、空调"等节能标志及宣传措施	□是□否

3. 建筑物及其附属设施基本信息

建筑物及其附属设施基本信息见表3-4,其中建筑基本信息以客户提供信息为准，不做现场验证。建筑围护结构判断示例见表3-5。

表3-4   建筑物及其附属设施基本信息

建筑基本信息	总建筑面积/m²	
	可利用屋顶面积/m²	
	地下车库面积/m²	
	供暖面积/m²	
	制冷面积/m²	
	数据机房面积/m²	
	主要建筑投运年份	
	运行时段	一周工作_____天；每天工作_____h
建筑围护结构	外墙材料	□砖墙 □加气混凝土 □幕墙
	门窗玻璃	□单层玻璃 □中空玻璃 □镀膜玻璃
	窗框材料	□钢窗 □铝合金 □木窗 □塑钢
	遮阳情况	□外遮阳 □内遮阳 □无遮阳措施

表 3–5　　　　　　　　　　　　　建筑围护结构判断示例

名称		示例
外墙材料	砖墙	
	加气混凝土	混凝土建筑外表面多有装饰面，以客户提供信息为准
	幕墙（即玻璃幕墙，外墙由通体玻璃组成）	
门窗玻璃	单层玻璃	
	中空玻璃（双层玻璃，中间有中空层）	

名称	示例
门窗玻璃	镀膜玻璃（玻璃表面涂镀一层或多层金属、合金或金属化合物薄膜，彩色玻璃多为镀膜玻璃）
遮阳情况	建筑外遮阳（建筑遮阳是为了避免阳光直射室内，防止建筑物的外围结构被阳光过分加热，从而防止局部过热和眩光的产生，以及保护室内各种物品而采取的一种必要的措施，其合理设计是改善夏季室内热舒适状况和降低建筑物能耗的重要因素）
	建筑内遮阳（在建筑内部采用百叶、窗帘等形式进行遮阳的方式）

4. 空调系统

用能系统分类表中选择空调系统后，需要填报空调系统信息，见表3-6。

表3-6 空调系统信息

1. 空调类型（★）
□集中式空调　□多联式空调　□分体式空调

（1）集中空调设备信息（★）

序号	机组类型	数量/台	额定功率/kW/耗用量/t 或 m³	额定制冷量/kW	使用/备用说明	设备年份
	□水冷式机组				□ 使用　□ 备用	
	□风冷式机组				□ 使用　□ 备用	
	□地/水源热泵机组				□ 使用　□ 备用	
	□溴化锂吸收式机组				□ 使用　□ 备用	
序号	辅助设备类型	数量/台		额定功率/kW	使用/备用说明	设备年份
	□冷冻水泵				□ 使用　□ 备用	
	□冷却水泵				□ 使用　□ 备用	
	□冷却塔				□ 使用　□ 备用	

续表

近 3 年是否改造：□是 □否

改造方式：□增加主机智能化集中控制系统 □更换高能效设备 □水泵增加智能变频控制

2. 多联空调设备信息

总数量_____台；总额定功率为_____kW；总额定制冷量为_____kW；设备年份_____年

近 3 年是否改造：□是 □否

改造方式：□智能化集中控制改造 □更换高能效设备

3. 分体空调设备信息

总数量_____台

（集中式空调逐台填写，多联式、分体式空调只统计总数）

集中式空调	运营类问询：		
	1	是否统一规定开关时间	
	2	机组、泵组及其他辅助设备是否按照保养要求定期维护、清洗	
	3	设备机房内输送管道及阀门保温层是否完好	★
	4	水泵、冷却塔是否正常运行，有无漏水、异响、噪声大等现象	★
	5	空调制冷效果是否正常，有无业主投诉	
	6	机组和泵组配置是否合理，是否无大流量、小温差的现象（运行时冷冻水进出水温差在 3℃ 以内）	★
	7	制冷系统是否区分建筑冷负荷需求进行分时分区供冷	
	8	室内温度设置是否≥26℃	★
	设备类问询：		
	1	制冷系统具备智能化控制功能，是否可以对机组或末端进行智能化控制（如自动调温、自动加减载）	★
	2	输送泵组是否配置变频装置并进行自动调节	★
	3	制冷机组是否为变频机组/磁悬浮机组	★
	4	是否具备蓄冷功能	★
	5	是否具备系统能耗单独监测与计量	
多联式空调	运营类问询：		
	1	是否统一规定开关时间	
	2	机组及末端是否按照保养要求定期维护、清洗	
	3	机组是否正常运行，有无异响、噪声大等现象	★
	4	室内温度设置是否≥26℃	★
	设备类问询：		
	1	是否配置智能控制系统，是否具备集中开关、设定温度等功能	
	2	是否具备系统能耗单独监测与计量	★

（1）集中式空调。根据空调类型需选择对应的现场诊断方法，空调系统基础信息收集方法与运营、设备类问询问题确认方法如下。

1）查看地点。

a. 空调机房。适用于地/水源热泵机组、溴化锂吸收式机组、水环热泵机组等类型集中式空调。

b. 空调机房＋屋顶或室外地面。水冷式机组（主机位于机房内，冷却塔位于屋顶或室外地面）。

c. 屋顶或室外地面。风冷式机组、空气源热泵机组。

2）查看内容。

步骤 1：现场观察空调主机数量、铭牌参数、管道保温情况。

步骤 2：根据设备铭牌逐台逐项填写或确认空调制冷系统调研表中的机组类型、额定功率、制冷量。

步骤 3：对空调主机外观、铭牌（各 1 张）进行拍照并上传。参照照片及要求为：① 空调主机外观照片须包括完整的主机主体；② 铭牌照片可清晰辨别各项参数；③ 每套系统照片上传时，须注意外观、铭牌相互对应，避免各系统信息出现交叉。空调系统主机外观及铭牌照片示例见表 3-7。

表 3-7　　　　　　　　空调系统主机外观及铭牌照片示例

序号	名称	示例
1	室内空调系统主机	
2	室外空调系统主机	

续表

序号	名称	示例
3	空调主机铭牌	

注：根据铭牌信息名称可对已填写的空调类型进行核实；对于位于屋顶的空调主机，如不方便近距离观察，可不拍摄铭牌照片，仅远距离对问询问题进行查看即可。

步骤 4：确认水泵台数、类型、功率等信息，现场观察水泵的类型、数量、铭牌参数情况，逐台逐项填写或核对空调制冷系统调研表中的水泵的台数、功率，并对水泵外观、铭牌（各 1 张）进行拍照并上传。参照照片及要求为：① 铭牌照片可清晰辨别各项参数；② 型号、类型相同的水泵可不重复拍摄，上传时选择台数即可；③ 每套系统照片上传时，须注意外观、铭牌相互对应，避免各系统信息出现交叉。水泵外观及铭牌照片示例见表 3-8。

表 3-8　　　　　　　　　　水泵外观及铭牌照片示例

序号	名称	示例
1	水泵	
2	水泵铭牌	

序号	名称	示例
3	水泵能效标志	

步骤 5：确认冷却塔外观，并按照检查要点观察冷却塔运行情况。与客户沟通前往冷却塔所在地（一般在建筑屋顶），现场观察冷却塔数量、铭牌参数、管道保温及运行情况（包括是否存在漏水、漂水、漏油、异响等情况）；对冷却塔外观、铭牌（各 1 张）进行拍照并上传。参照照片及要求为：① 铭牌照片可清晰辨别各项参数；② 每套系统照片上传时，须注意外观、铭牌、能效标志相互对应，避免各系统信息出现交叉。冷却塔外观及铭牌照片示例见表 3-9。

表 3-9　　　　　　　　冷却塔外观及铭牌照片示例

序号	名称	示例
1	冷却塔主体	
2	冷却塔铭牌	

注：1. 对于确实有冷却塔的空调系统，可以确认是水冷机组。

2. 对于位于屋顶的冷却塔，如不方便近距离观察，可不拍摄铭牌照片，仅远距离对观察要点进行查看即可。

3）注意事项。

a. 未经客户同意，不可操作各类设备（系统）的阀门、开关、控制面板、控制系统等。

b. 机房内观察设备、系统，人员突然站起或转向时，须注意防止突出物撞击伤害；在观察水泵、风机等具有电机传动构件的设备时，要与设备保持一定安全距离，整理好人员衣袖、头发，防止被电机传动构件卷入造成伤害。

c. 冷却塔、风冷式热泵室外机等设备常布置于室外屋顶，如需前往屋顶查看相应设备时，现场必须有客户相关工作人员陪同，严格按照客户要求行动，禁止擅自在屋面随意走动。

4）运营类问询。

问题3：设备机房内输送管道及阀门保温层是否完好？

判断方法：空调机房内管道需采用橡塑或者金属进行包裹保温。空调机房中的管道、阀门处保温材料包裹严密，没有明显破损，则为完好，如图 3-7（a）所示；有明显破损，则为不完好，如图 3-7（b）所示。

（a）　　　　　　　　　　　　　　（b）

图 3-7　设备机房内输送管道及阀门保温层

（a）保温层良好；（b）保温层不良好，有破损

问题4：水泵、冷却塔是否正常运行，有无漏水、异响、噪声大等现象？

判断方法：前往集中式空调泵房，观测水泵历史运行数据，若目前压力表显示值与历史值一致，则基本正常；查看水泵与管道连接处是否如示例中有滴水、漏水的情况，如图 3-8 所示。

图 3-8 水泵漏水

水泵异响、噪声需客户经理自行判断声音是否规律、正常。常见异响包括：① 气蚀异响，一般为噼噼啪啪的爆裂声音；② 放松异响，这一声响往往是周期性的，是转动的零件在水泵轴上松动后，与其他零件撞击发出的声音；③ 轴承异响，一般表现为较低的嗡嗡声，或均匀的口哨声以及断续的冲击声。

问题4：冷却塔运行情况如何？（仅在空调机组为水冷机组时需要问询）

判断方法：① 观察冷却塔附近地面是否明显有积水，或观察管道连接部位或者阀门所在位置是否有明显漏水、滴水现象，若有，则认为存在漏水，如图3-9所示；② 现场倾听冷却塔工作时的声音，是否有异常的噪声或者震动；③ 观察冷却塔风筒处（顶部）或进风处（侧面）是否有漂水，或有水雾飘出或水流溅出，如图3-10所示。

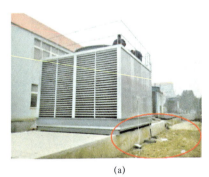
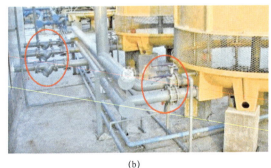

(a)   (b)

图 3-9 冷却塔漏水
(a) 地面；(b) 管道连接处

问题 6：机组和泵组配置是否合理，是否无大流量、小温差的现象？（运行时冷冻水进出水温差在3℃以内）

判断方法：前往空调主控室或主机房观测集中式空调主机控制面板，查看空调进出水温度，进出水温差一般值为 5～7℃；温差低于 3℃ 则认为处于大流量、小温差运行。主机控制面板如图 3-11 所示，中央空调系统管理平台如图 3-12 所示。

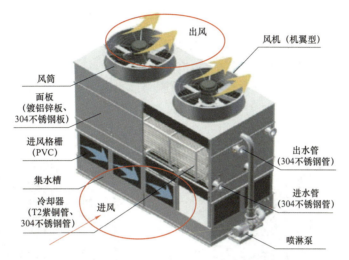

图 3-10　冷却塔风筒处或进风处漂水

图 3-11　主机控制面板

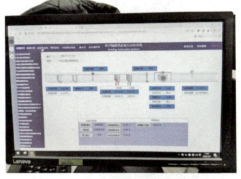

图 3-12　中央空调系统管理平台

问题 8：室内温度设置是否≥26℃？

判断方法：查看供暖末端设备控制面板显示设置温度是否不低于 26℃。空调室内温度控制面板如图 3-13 所示。

5）设备类问询。

问题 9：制冷系统是否具备智能化控制功能，是否可以对机组或末端进行智能化控制？（如自动调温、

图 3-13　空调室内温度控制面板

自动加减载）

判断方法：观测空调主机控制面板中的机组控制功能选项，观察是否具备以上功能；对于具备中央空调系统管理平台的单位，也可以通过电脑显示器查看平台监测页面，查看是否具备以上功能。中央空调系统管理平台见图 3-12。

问题 10：输送泵组是否配置变频装置并进行自动调节？

判断方法：水泵变频装置设置在泵控制柜中，可通过观测控制柜及控制柜中变频器是否运行，如在运行中可认为安装了变频装置并进行调节。水泵及变频控制柜如图 3-14 所示。

(a)　　　　　　　　　　　　(b)

图 3-14　水泵及变频控制柜

（a）外观；（b）变频器位置

图 3-15　蓄冷水罐

问题 11：制冷机组是否为变频机组/磁悬浮机组？

判断方法：通过观察设备铭牌可以确定。

问题 12：是否具备蓄冷功能？

判断方法：与客户沟通前往空调冰蓄冷机房或水蓄冷罐装机位置，通过观察设备外观或铭牌可以确定，蓄冷水罐如图 3-15 所示，冰蓄冷装置如图 3-16 所示。

（2）多联式空调。

1）查看地点。屋顶或室外地面。

2）查看内容。与客户沟通前往多联式空调室外机所在屋顶或室外地面，现场观察空调数量、铭牌参数，针对各台多联机室外机的外观、铭牌、能效标志（各1张）进行拍照，照片要求如下：① 相同型号设备的仅需对一台设备的外观、铭牌（各1张）进行拍照并上传；不同型号设备需分别拍摄照片；② 设备外观照片需可看清楚单台设备整体外观；③ 铭牌照片可清晰辨别各项参数；④ 每台照片上传时，须注意外观、铭牌、能效标志相互对应，避免各系统信息出现交叉。多联机室外机参考信息见表3-10。

 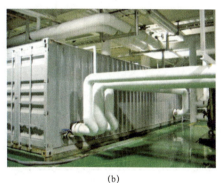

(a)　　　　　　　　　　　　　　　(b)

图3-16　冰蓄冷装置
（a）罐式；（b）箱式

表3-10　　　　　　　　　　多联机室外机参考信息

序号	名称	示例
1	多联机室外机	
2	多联机铭牌	

续表

序号	名称	示例
3	能效标志	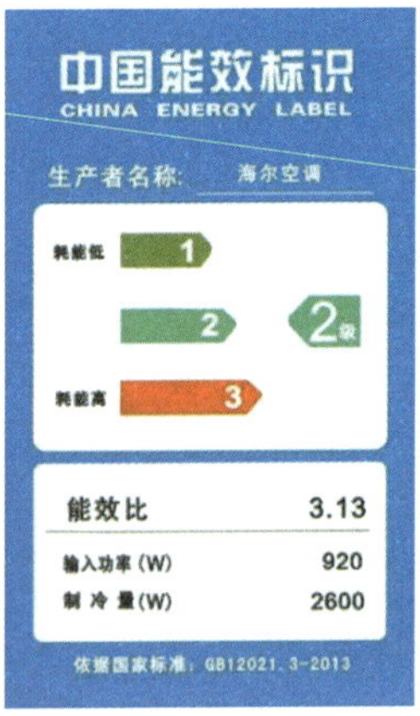

3）注意事项。多联式空调室外机常布置于室外屋顶，如需前往屋顶查看相应设备时，现场必须有客户相关工作人员陪同，严格按照客户要求行动，禁止擅自在屋面随意走动。

4）运营类问询。

问题 3：机组是否正常运行，有无异响、噪声大等现象？

判断方法：多联机及分体空调运行时一般噪声较小，声音较为规律，如有不规律响声或嘈杂声音，可认为存在问题。

问题 4：室内温度设置是否≥26℃？

判断方法：查看供暖末端设备控制面板显示设置温度是否不低于 26℃。空调室内温度控制面板如图 3-13 所示。

5）设备类问询。

问题 5：是否配置智能控制系统，是否具备集中开关、设定温度等功能？

判断方法：具备以上功能的多联机系统，客户单位一般具有设备集中管控平台，可与客户沟通前往系统控制室查看系统管控平台，查看是否具备以上功能。多联机空调智能控制系统如图 3-17 所示。

5. 供暖系统

用能系统分类表中选择供暖系统后，需要填报客户供暖系统信息，见表 3-11。

图 3-17　多联机空调智能控制系统

表 3-11　　　　　　　　　　供 暖 系 统 信 息

1. 供暖方式（★）

□市政供暖　　□设备类供暖

2. 供暖设备类型（★）

□集中式供暖设备　□分散式供暖设备

采暖末端设备类型（集中式）：□散热器（暖气片）；□风机盘管；□其他＿＿＿＿

采暖末端设备类型（分散式）：□分体式空调；□分散式电暖气；□其他＿＿＿＿

采暖末端设备使用年限：□10 年以内；□10 年以上

3. 集中供暖设备信息（★）

序号	机组类型	数量/台	耗用量/t 或 m³/额定功率/kW	额定制热量/kW	使用/备用情况	设备年份
	□燃气锅炉				□使用　□备用	
	□燃油锅炉				□使用　□备用	
	□电锅炉				□使用　□备用	
	□空调热泵类				□使用　□备用	
序号	辅助设备类型	数量/台	额定功率/kW	使用/备用情况		设备年份
	□供暖水泵			□使用　□备用		
	□补水泵			□使用　□备用		

近 3 年是否改造：□是　□否

改造方式：□增加机组智能化集中控制系统　□更换高能效设备

续表

		运营类问询：	
供暖系统	1	锅炉或机组及其他辅助设备是否按照保养要求定期维护、清洗	
	2	制热效果是否正常，有无业主投诉	
	3	供暖系统是否区分建筑供暖需求进行分时分区供暖	
	4	是否统一规定采暖系统开关时间	
	5	供暖系统夜间是否按照值班负荷将供暖量调至最小	
	6	室内温度是否设置是否≤20℃	★
		设备类问询：	
	1	锅炉类供暖设备加热水源是否配置软化水设备	★
	2	是否配置智能化集中控制系统，是否具有自动调温、自动加减载功能	★
	3	是否配置锅炉烟气/蒸汽冷凝水余热再回收利用功能	★
	4	是否具备蓄热功能	★
	5	是否具备系统能耗单独监测与计量	

（1）查看地点。

1）市政供暖。不对基础信息进行采集与验证。

2）设备类供暖（锅炉类）。锅炉房。

3）设备类供暖（空调热泵类）。参考空调制冷系统查看地点。

（2）查看内容。

1）市政供暖。不对基础信息进行采集与验证。

2）设备类供暖（锅炉类）。查看锅炉房内锅炉铭牌，确认锅炉类型及应用能源类型。注意不可擅自开、关，调节锅炉房内各类阀门、电器开关；锅炉运行期间，避免碰触锅炉表面；对于存在跑、冒、滴、漏情况，避免近距离观察，以免出现安全事故。

步骤1：现场观察锅炉主机数量、铭牌参数。

步骤2：根据设备铭牌逐台逐项填写或确认调研表中的耗用量/额定功率、额定制热量、使用/备用情况、设备年份。

步骤3：对锅炉外观、铭牌（各1张）进行拍照并上传，锅炉照片示例见表3－12，要求：① 外观照片需包括完整的锅炉主体；② 铭牌照片可清晰辨别各项参数；③ 每套系统照片上传时，须注意外观、铭牌相互对应，避免各系统信息出现交叉。

表 3-12   锅 炉 照 片 示 例

序号	名称	示例
1	锅炉主机	
2	锅炉铭牌	

步骤 4：对锅炉房内对应循环水泵台数及总功率进行确认，并拍照上传，照片可参考空调章节中水泵拍照要求。

3）设备类供暖（空调热泵类）：查看步骤及拍照要求详见空调制冷系统中对应内容。

4）设备类供暖（供暖末端）：查看建筑物末端供暖设备，确认末端设备形式。查看地点：采暖区域，包括办公室、走廊、会议室等。

步骤 1：观察办公室内供暖设备和控制面板。

步骤 2：进行设备拍照并上传。供暖末端设备照片示例见表 3-13。

表 3-13   供暖末端设备照片示例

序号	名称	示例
1	供暖末端设备（暖气片）	

续表

序号	名称	示例
2	供暖末端设备（风机盘管）	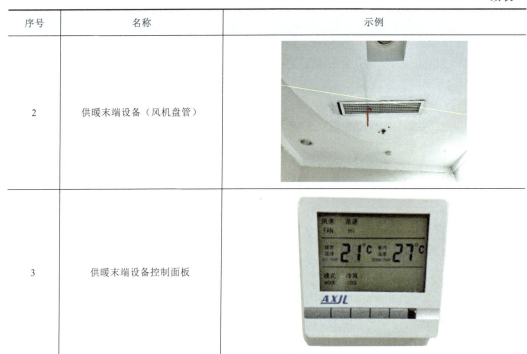
3	供暖末端设备控制面板	

（3）运营类问询。

问题 6：室内温度是否设置是否≤20℃？

判断方法：查看供暖末端设备控制面板（见表 3-13），查看显示设置温度是否不超过 20℃。

（4）设备类问询。

问题 7：锅炉类采暖设备加热水源是否配置软化水设备？

判断方法：通过询问或现场观察锅炉房内设备铭牌方式，确认是否有软化水设备，软化水设备如图 3-18 所示。

问题 8：是否配置智能化集中控制系统，是否具有自动调温、自动加减载功能？

判断方法：通过询问或现场观察锅炉控制柜或控制面板，确认是否有控制系统。锅炉控制柜及控制面板如图 3-19 所示。

图 3-18　软化水设备

图 3-19 锅炉控制柜及控制面板

问题 9：是否配置锅炉烟气/蒸汽冷凝水余热回收再利用功能？

判断方法：观察判断现场是否存在热回收装置，若无法通过外形判断，则根据铭牌判断。烟气回收装置（燃煤、燃气、燃油锅炉）如图 3-20 所示，冷凝水余热回收装置（蒸汽锅炉）如图 3-21 所示。

图 3-20 烟气回收装置（燃煤、燃气、燃油锅炉） 图 3-21 冷凝水余热回收装置（蒸汽锅炉）

问题 10：是否具备蓄热功能？

判断方法：通过询问或现场观察锅炉附属设施，确认是否有蓄热设备，如图 3-22 所示。

 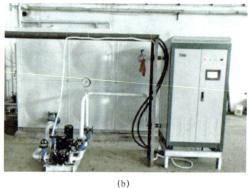

| (a) | (b) |

图 3－22　蓄热设备

（a）固体蓄热；（b）蓄热式电锅炉

6. 照明系统

用能系统分类表中选择供照明系统后，需要填报照明系统信息，见表 3－14。

表 3－14　　　　　　　　照 明 系 统 信 息

（1）灯具类型及数量占比：□LED 灯具占比_____%□节能灯_____%□白炽灯_____%□普通荧光灯_____%□其他_____%
（2）合计数量约：_____盏
（3）合计功率约：_____kW
近 3 年是否改造：□是□否
改造方式：□更换 LED 照明灯具；□采用感应控制或集中控制

	运营类问询：		
	1	是否日常巡检，是否关闭无人区域的照明灯具	★
	2	是否存在区域或楼层光线过暗	★
照明系统	设备类问询：		
	1	公共区域/楼道/地下室是否配置感应开关、亮度调节功能	★
	2	是否配置照明集中控制系统	★
	3	照明系统是否具备分区控制功能	★
	4	是否具备系统能耗单独监测与计量	

（1）查看地点。

1）政府机关、事业单位应重点走访大厅、办公区、会议室、走廊、楼道、车库等区域。

2）教育类机构应重点走访验证大厅、教室、办公楼、图书馆、食堂、车库等区域。

3）医疗卫生类机构应重点走访验证大厅、办公区、公共区域、食堂、车库等区域。

4）场馆类机构应重点走访验证大厅、演示厅、办公区、车库等区域。

（2）查看内容。

设备参数类：以客户回复为准，不做现场验证。

（3）运营类问询。

问题1：是否日常巡检，是否关闭无人区域的照明灯具？

判断方法：可前往无人状态的会议室、走廊、楼道等主要区域查看照明灯具是否处于关闭状态；对于具备照明系统集中监测平台的，可以与客户协商查看灯具开启状态，判断是否满足以上要求。

问题2：是否存在区域或楼层光线过暗？

判断方法：实地走访过程中，关注各区域灯光亮度，有过暗现象予以记录。

（4）设备类问询。

问题3：公共区域/楼道/地下室是否配置感应开关、亮度调节功能？

判断方法：观察进入公共区域/楼道/地下室灯光是否自动亮起，离开一定距离后，灯光自动熄灭或变暗；观察区域内墙面或顶面是否装有感应开关。人体感应开关如图3－23所示，声光控延时开关如图3－24所示。

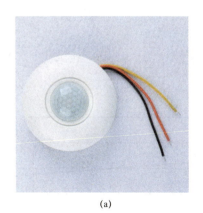
(a)
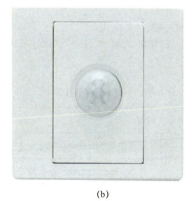
(b)

图3－23 人体感应开关

（a）多安装于屋顶；（b）多安装于墙面

问题 4：是否配置照明集中控制系统？

判断方法：与客户沟通前往照明集中控制系统所在的中控室或监控室，现场确认系统中是否具备集中控制功能。

问题 5：照明系统是否具备分区控制功能？

判断方法：与客户沟通前往照明集中控制系统所在的中控室或监控室，现场确认系统中是否具备分区控制功能？

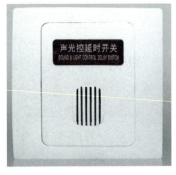

图 3-24　声光控延时开关

7. 供配电系统

用能系统分类表中选择供配电系统后，需要填报供配电系统信息，见表 3-15。

表 3-15　　　　　　　　　　供配电系统信息

1. 变压器设备信息

▲用户最大电压等级：_____ kV，▲总额定容量：_____ kVA，▲最大需量：_____ kW

▲变压器类型：□S13 _____ 台　□S12 _____ 台　□S11 _____ 台　□S10 _____ 台　□S9 _____ 台　□其他_____台

▲变压器平均负载系数 _____%，▲变压器空载损耗率_____%，▲负载损耗率_____%

▲变压器投运年份：_____年

2. 电费构成

▲购电方式：□普通代理　□市场化售电

▲基本电费：□有　□无

▲是否享受峰谷平电价：□是　□否

▲上一年累计力调电费的惩罚金额：_____元

是否已使用绿电交易：□是□否

3. 充电设施

是否安装新能源充电桩（★）：□是　□否

设备类型（★）：□普通充电桩　□有序充电桩　□V2G 充电桩

是否接入车联网平台：□是　□否

近 3 年是否改造：□是　□否

改造方式：□台区新增、扩容　□无功补偿　□变压器更换

		运营类问询：	
供配电系统	1	是否根据季节性负荷变化制定变压器投运方案	
	2	是否存在三相负载不平衡现象	★
		设备类问询：	
	1	是否按楼层、区域及车辆充电桩设备配置计量表具进行独立计量	★
	2	充电桩是否独立计量收费	★

（1）查看地点。

10kV 配电室、低压配电室；屋顶光伏安装位置；充电桩装机位置。

（2）查看内容。

1）变压器设备信息。均可通过国网营销 2.0 系统获取数据。

2）电费构成内购电方式、基本电费、是否享受峰谷平电价等信息。可通过国网营销 2.0 系统获取数据；是否已使用绿电交易通过问询获取，不做现场验证。

3）是否安装充电桩与充电桩类型。以客户回复为准，也可现场查看验证。其中，V2G 充电桩可通过外观是否标注 V2G 标志或铭牌中是否注明充电桩具备充放电功能且为双向直流充电桩来判断。V2G 充电桩如图 3-25 所示。

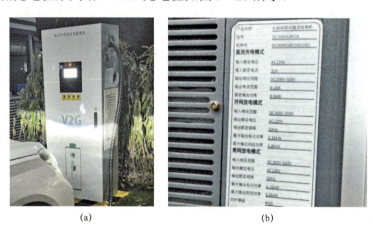

（a）　　　　　　　　　　　（b）

图 3-25　V2G 充电桩
（a）外观；（b）铭牌

（3）运营类问询。

问题 2：是否存在三相负载不平衡现象？

判断方法：检查智能电表是否出现"三相不平衡"标志闪烁。

（4）设备类问询。

问题 3：是否按楼层、区域及车辆充电桩设备配置计量表具进行独立计量？

判断方法：与客户沟通查看分楼层、区域或充电桩单独的低压配电柜，是否配备计量表具。

问题 4：充电桩是否独立计量收费？

判断方法：与客户沟通查看充电桩单独的低压配电柜，是否配备计量表具。

8. 用水系统

用能系统分类表中选择供用水系统后，需要填报用水系统信息，见表 3-16。

表 3-16   用水系统信息（涉及医院、场馆类或学校）

1. 热水供应
□集中/市政热水   □设备制取热水
2. 设备类型
□锅炉类   □空调热泵类   □太阳能热水   □分散式供热设备（电热水器、小厨宝）
3. 热水耗用量
年用水量_____ t，设定水温：_____ ℃
近 3 年是否改造：□是 □否
改造方式：□增加设备智能化集中控制系统   □更换高能效设备

用水系统	运营类问询：		
	1	用水高峰期热水温度是否满足供应要求	
	2	机组/换热/水箱设备是否按照保养要求定期维护、清洗	★
	设备类问询：		
	1	设备是否配置智能化控制系统，是否具有自适应加热供给功能	★
	2	热水系统是否配置蓄热功能	★
	3	热水系统是否采用余热回收进行加热	
	4	是否均采用节水器具	

（1）查看地点。

1）集中式热水设备包括：① 锅炉类，位于锅炉房或供热机房；② 空气源热泵，位于屋顶或地面；③ 水源热泵，位于中央空调机房或供热机房等；④ 太阳能热水，位于屋顶或地面等。

2）分散式热水设备。一般为电厨宝，浴室墙面、卫生间或厨房水台下。

（2）查看内容。

1）锅炉类。参考供暖系统锅炉查看要求进行，仅关注锅炉类型及使用能源类型，其他信息不做收集。

2）空调热泵类。参考制冷系统中集中式空调系统查看要求，仅关注空调热泵类型及使用能源类型，其他信息不做收集。

3）太阳能热水系统。以客户回复为准，不做现场验证，太阳能热水系统如图 3-26 所示。

图 3-26　太阳能热水系统

（3）运营类问询。

问题 2：机组/换热/水箱设备是否按照保养要求定期维护、清洗？

判断方法：以客户回复为准，可要求客户提供定期保养、清洗记录进行佐证判断。

（4）设备类问询。

问题 3：设备是否配置智能化控制系统，是否具有自适应加热供给功能？

判断方法：锅炉类可参考供暖系统设备类问题 4 判断方法；空调热泵类可参考制冷系统中设备类问题 9 判断方法。太阳能热水系统以客户回复为准，不做现场验证，与客户沟通前往太阳能热水系统智能控制系统所在位置，通过观察方式确认是否具备智能化控制功能。太阳能热水系统智能化控制面板如图 3-27 所示。

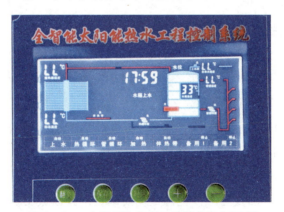

图 3-27　太阳能热水系统智能化控制面板

问题 4：热水系统是否配置蓄热功能？

判断方法：参考供暖系统设备类问题 6 判断方法。

9. 数据机房

数据机房信息收集见表 3 - 17。

表 3-17　　　　数据机房信息（涉及部分政府机关、学校、场馆）

1. IT 设备信息
设备总台数＿＿＿＿＿台，总额定功率为＿＿＿＿＿kW，设备使用率＿＿＿＿＿%，设备年份：＿＿＿＿＿年
2. 制冷设备类型
□水冷机组　　　□风冷氟机机组　　　□热管空调
室内机总台数：＿＿＿＿＿台，总额定功率为＿＿＿＿＿kW，总额定制冷量为＿＿＿＿＿kW。设备年份：＿＿＿＿＿年
室外机总台数：＿＿＿＿＿台，总额定功率为＿＿＿＿＿kW，设备年份：＿＿＿＿＿年
近 3 年是否改造：□是　□否
改造方式：□更换高能效数据/制冷设备　□冷热通道优化改造

数据机房	运营类问询：		
	1	是否委托专业单位进行设备维护、保养	★
	2	是否定期进行滤网清洗	★
	设备类问询：		
	1	数据机房是否为单冷热通道设计	★
	2	数据机房无制冷效果不佳、风量分布不均现象	
	3	是否具备蓄冷功能	★

（1）查看内容。公共机构单位内部数据机房基础信息。

（2）运营类问询。

问题 1：是否委托专业单位进行设备维护、保养？

判断方法：以客户回复为准，可要求客户提供定期设备维护、保养记录进行佐证判断。

问题 2：是否定期进行滤网清洗？

判断方法：以客户回复为准，可要求客户提供定期清洗滤网工作记录进行佐证判断。

（3）设备类问询。

问题 3：数据机房是否为单冷热通道设计？

判断方法：以客户回复为准，也可根据现场情况判断数据机房设备冷、热通道是否封闭且独立。数据机房的单冷热通道如图 3 - 28 所示，它是一种机房气流组织形式，冷空气由高架地板下吹出，进入密闭的冷池通道，机柜前端的设备吸入冷气，通过给设备降温后，形成热空气由机柜后端排出至热通道。热通道的气体迅速返回到空调回

风口，机柜密闭式涡轮后门把热气汇集，通过垂直风管与天花板无缝连接，达到热回风与冷量完全隔离。

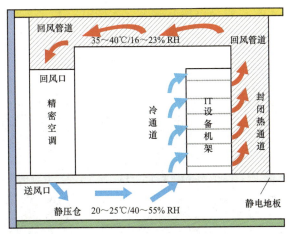

图 3-28　数据机房的单冷热通道

问题 4：是否具备蓄冷功能。

判断方法：与客户沟通前往冰蓄冷机房或水蓄冷罐装机位置，通过观察设备外观或铭牌可以确定，蓄冷水罐与冰蓄冷装置见图 3-15 和图 3-16。

10. 电梯系统

电梯系统信息收集见表 3-18。

表 3-18　　　　　　　　　　电 梯 系 统 信 息

1. 设备类型（可多选）
□扶梯　□有机房垂直电梯　□无机房垂直电梯
2. 设备信息
（1）扶梯总台数：＿＿＿＿＿台，总额定功率为＿＿＿＿＿kW，设备最早投入使用年份：＿＿＿＿＿年
（2）有机房垂直电梯总台数：＿＿＿＿＿台，总额定功率为＿＿＿＿kW，设备最早投入使用年份：＿＿＿＿＿年
（3）无机房垂直电梯总台数：＿＿＿＿＿台，总额定功率为＿＿＿＿kW，设备最早投入使用年份：＿＿＿＿＿年
近 3 年是否改造：□是□否
改造方式：□更换高能效设备□增加能量回馈装置□电梯群控系统

电梯系统	运营类问询：		
	1	是否委托专业单位进行设备维护、保养	★
	2	是否按照规范进行安全性能检验，是否定期年检	★
	设备类问询：		
	1	电梯是否安装设计能量回馈装置	
	2	电梯机房空调是否能够根据机房内温度自动启停	
	3	多部电梯是否配置电梯群控系统	★

（1）查看地点。

1）公共机构建筑内电梯厅。（3类电梯均适用）

2）电梯机房。（有机房垂直电梯）

（2）查看内容。以客户回复信息为准；对于垂直电梯，可在电梯机房内查看设备铭牌确认。电梯机房设备如图3-29所示。

图3-29　电梯机房设备

（3）运营类问询。

问题1：是否委托专业单位进行设备维护、保养？

判断方法：可要求客户提供定期设备维护、保养记录进行佐证判断。电梯维保记录如图3-30所示。

问题2：是否按照规范进行安全性能检验，是否定期年检？

判断方法：可在电梯内查找特种设备使用标志，查看电梯安全检验、年检时间范围。电梯的特种设备使用标志如图3-31所示。

图3-30　电梯维保记录

（4）设备类问询。

问题 5：多部电梯是否配置电梯群控系统？

判断方法：可咨询客户是否具有电梯群控系统，咨询能否查看。电梯群控系统界面如图 3-32 所示，对于存在多个电梯的电梯厅，可通过按下电梯上、下键，观察电梯是否可就近到达、联动控制。

图 3-31 电梯的特种设备使用标志

图 3-32 电梯群控系统界面

11. 厨房系统

厨房系统信息收集见表 3-19。

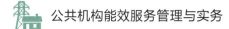

表 3-19   厨 房 系 统 信 息

1. 设备类型（可多选）
□灶具　□蒸、煮设备
2. 设备信息
（1）灶具总台数：＿＿＿＿＿台，总额定耗用量为＿＿＿＿＿m³/h，总额定功率为＿＿＿＿kW，设备年份：
＿＿＿＿＿年
（2）蒸、煮设备总台数：＿＿＿＿＿台，总额定耗用量为＿＿＿＿＿m³/h，总额定功率为＿＿＿＿kW，设备
年份：＿＿＿＿＿年
近 3 年是否改造：□是　□否
改造方式：□更换高能效厨房设备　　□采用全电厨房设计

厨房	运营类问询：		
	1	厨房内是否设计可燃气体检测装置	★
	2	是否定期维护保养设备	★
	设备类问询：		
	1	灶具、蒸煮设备是否为全电设计	★
	2	是否按照设备使用报废年限进行更换	

（1）查看内容。公共机构内厨房基础信息以客户回复信息为准，可前往厨房进行设备铭牌确认或查看设备台账/清单确认数据准确性。

（2）运营类问询。

问题 1：厨房内是否设计可燃气体检测装置？

判断方法：可通过观察厨房灶具、屋顶、墙面等是否有可燃气体探测器，并与客户确认。可燃气体检测装置如图 3-33 所示。

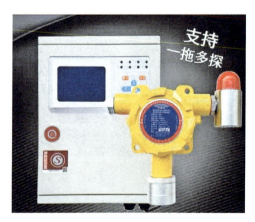

图 3-33　可燃气体检测装置

问题 2：是否定期维护保养设备？

判断方法：可要求客户提供定期设备维护、保养记录进行佐证判断。

（3）设备类问询。

问题 3：灶具、蒸煮设备是否为全电设计？

判断方法：可前往厨房观察设备是否为电气设备，无燃气等其他能源消耗设备。

12. 新能源与可再生能源

新能源与可再生能源利用信息收集见表 3－20。信息以客户回复为准，不做现场验证。

表 3－20　　　　　　　　　　　　新能源与可再生能源利用信息

1. 已使用新能源与可再生能源（可多选） □光伏（已建设面积_____m²，总装机容量_____kW）□热泵　　□太阳能热水　□无
2. 再生水类型 □雨水　□中水　□其他

13. 能源资源消耗及计量

能源资源消耗及计量中能源账单、能源种类以客户提供信息为准。能源计量管理问询信息见表 3－21。

表 3－21　　　　　　　　　　　　能源计量管理问询信息

1. 能源计量管理问询 是否有分项计量：□是　　□否 分项计量类型：□电　□天然气　□热力　□水
2. 能源管理平台问询 是否具有能源管理平台：□是　　□否 平台功能包含：□监测　□分析　□控制
近 3 年是否进行过能源审计：□是□否 是否委托专业管理团队或设置专人对能源计量器具进行管理，定期对计量器具进行检定、校准或维修。□是　　□否

问题 1：是否具有能源管理平台？

判断方法：可通过问询并查看客户能源管理平台或展示大屏，确认是否具备能源管理平台，查看监测、分析和控制功能是否具备。能源管理平台界面如图 3－34 所示。

图 3-34　能源管理平台界面

问题 2：近 3 年是否进行过能源审计？

判断方法：可通过问询获取信息，并咨询客户能否提供最近一期能源审计报告作为辅助佐证材料。公共机构能源审计报告如图 3-35 所示。

图 3-35　公共机构能源审计报告

问题 3：是否委托专业管理团队或设置专人对能源计量器具进行管理，定期对计量器具进行检定、校准或维修？

判断方法：可通过咨询用户查看能源计量器具检定、校准或维修记录，或者人员管理记录等文件进行辅助验证。

14. 建筑环境现场测试信息

建筑环境现场测试表格见表 3-22。

表 3-22 建筑环境现场测试表格

区域	温度/℃	相对湿度（%）	CO_2 浓度/ppm（mg/m³）	照度/lx
办公室 1				
办公室 2				
会议室				
走廊				
大厅				

（1）温湿度检测。温湿度检测采用手持温湿度检测仪进行，如图 3-36 所示。

测量时应尽量避免外部环境影响，如阳光直射、供暖/制冷风口直吹或其他冷热源影响，操作流程如下：

1）打开检测仪开关，仪器进行测量状态；确认温湿度计状态良好，检查电量是否足够、温湿度计的显示屏是否清晰可读。

2）选择设备温度单位选择为摄氏度"℃"（一般为默认单位选项）；湿度单位为相对湿度"%RH"（一般只有这一种单位选项）。

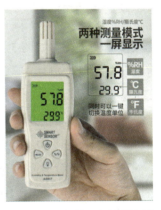

图 3-36 手持温湿度检测仪

图 3-37 手持照度检测仪（右）

3）等待屏幕显示测量值基本稳定，按下"Hold"键可维持数值不变，并进行记录。

4）同一个房间需对 3 个不同位置点进行检测，各位置点距离不小于 2m，并对数值进行记录。

（2）照度检测。照度检测采用手持照度检测仪进行，如图 3-37 所示。

操作流程如下：

1）首先打开检测仪，并将照度检测仪水平放在测量位置。照度检测时设备手持高度要求见表 3-23。

2）寻找适合测量挡位，照度计开始工作，并在显示屏上显示照度值，待显示屏上显示数据比较稳定时，按下 Hold 键，锁定数据。

3）读取并记录读数器中显示的观测值。观测值等于读数器中显示数字与量程值的乘积。

4）再按一下锁定开关，取消读值锁定功能。

5）同一个房间需对 3 个不同位置点进行检测，各位置点距离不小于 2m，并对数值进行记录。

表 3-23　　　　　　　　　　照度检测时设备手持高度要求

序号	区域	测量水平面高度
1	办公室	0.75m 水平面
2	会议室	0.75m 水平面
3	走廊	地面（0.1m）
4	大厅	地面（0.1m）

（3）二氧化碳（CO_2）检测。室内 CO_2 浓度采用手持二氧化碳检测仪进行，如图 3-38 所示。二氧化碳检测仪一般也具有温度、湿度检测功能。

操作流程如下：

1）打开检测仪开关，仪器进入测量状态；确认二氧化碳检测仪状态良好，检查电量是否足够、显示屏是否清晰可读。

2）确认测量单位为 ppm。

3）设置阈值警报（1000ppm），以便在 CO_2 浓度超出标准要求水平时及时发出警报。

图 3-38　手持二氧化碳检测仪

4）在检测房间内手持检测仪，待参数稳定后记录屏幕上的测试值，测试时应远离窗口、出风口、回风口等影响检测结果的 CO_2 源。

5）同一个房间需对 3 个不同位置点进行检测，各位置间距不小于 2m，并对数值进行记录。

6）在完成 CO_2 浓度测量后，及时关闭设备电源。

（四）保存并上传信息

在信息填报过程中，应及时保存已填报信息。在全部信息填报结束后，检查无误方可上传。

三、标准用语

场景说明：本部分内容设置了关于一些技术方面的问题话术，请根据数据预收集结果提问，业主由于客观原因没有办法提供回答时则暂时跳过进入到下一个问题。

（一）开场介绍

前端团队：您好，我是×××公司能效诊断组成员×××，本次是电网公司响应国家"双碳"战略要求和国管局公共机构节能工作要求，体现电网企业社会责任，助力公共机构节能降碳的一次公益诊断活动，前期我们通过贵单位提供的数据分析寻找到了一些节能潜力，这次希望通过上门的深度服务，进一步帮助贵单位挖掘节能提效潜力，这次诊断结束后，我们会向贵单位提供一份详细的诊断报告，如果形成节能改造项目，我们还会进行跟进回访服务，所有服务都是不收费的，请您放心。

（如有宣传手册或相关节能改造案例等：电网公司前期已经为很多用户提供了免费的诊断服务，并形成了很好的效果，您手上的宣传手册中有我们提供的报告样例及宣传的成效，很多潜力项目用户实施后都觉得成效显著。）

（二）补全预收集资料

前端团队：××主任，之前咱们在系统里已经填写了一部分内容，但是还有××这部分还没填，您看咱们一起先把这部分内容补充完全如何？

业主方：好的，我来找设备管理人员过来跟你说一下。

应避免用语：××主任，你们前期填写的内容还有一些遗漏和问题，我跟你们说一下，你们按我们要求提供一下吧。（与用户当面沟通时尽量多说"咱们"拉近距离，

同时避免生硬安排对方）

（三）管理层面沟通

前端团队：好的，谢谢您。进行下一步诊断前我们还需要和您了解一些情况。首先，您这边是否成立了能源管理小组或者其他类似的专业部门？设备运维人员是否都有专业资质？

业主方：我们单位……

前端团队：咱们在日常能源管理活动中，有没有什么地方感觉能源浪费比较严重或者能源利用不合理的地方？

（情况1）业主方：中央空调系统我们感觉蛮浪费的……开水炉只能我们主动去关停……

前端团队：好的，那我们一会重点关注一下中央空调系统和开水炉的控制问题。在这些方面您之前考虑过改进方法吗？（此处仅为举例，需注意业主方比较关注或问题较明显的用能环节，作为下一步实地调研的重点部分）

（情况2）业主方：主要是平时多和人员强调……/设备本身寿命也不长了，专门做技改不值当/考虑过，但比较忙，没有排上日程/没有，我们使用起来感觉都还不错，我们平时比较注意这方面的管理。（注意业主觉得没问题并不一定实际上就没问题，仍然需要现场调研）

前端团队：那我们再来梳理一下别的方面，您这边之前有哪些方面做过节能改造吗？节能效果怎么样？

业主方：我们单位主要实施了……/还没有做过这方面工作。

前端团队：好的，我们还想看一下您的用能设备台账，请问方便提供吗？

业主方：我给你找一下设备台账/设备台账比较旧了，你和设备运维人员对一下。（在接下来的"实地调研"阶段与运维人员沟通）

前端团队：您这边是否有能源计量管理体系，计量器具的配备情况怎么样，是否有进行定期的校准？

业主方：我们单位的计量配备情况是……

（四）实地调研

前端团队：好的，谢谢您，我们的问题基本就到这边了，现在想去现场看一下，有条件的话再去看一下您的中控室，还请您帮忙打个招呼……（下略）如果方便的话，我们想在××、××拍几张照片,只是为了支撑报告,肯定不会外流,不知道咱们这边能否允许。

(情况1)业主方:好的,你们跟着××去×××××(直接前往现场调研)

(情况2)业主方:我们这里不方便拍照/照片你只能拍××,其他地方确实不行,我们有规定。(公检法等涉密部门原则上不允许拍照,但是一般可以给出一些已脱敏的宣传照片等)

前端团队:好的,请您放心我们全程按照贵单位的要求来,但是考虑到后期给您出具的报告质量,您方便给我几张贵单位对外宣传或是已脱敏的照片吗?(如对方再次拒绝则不必再执着于现场拍照,在报告中给出同类型的建筑照片或建筑模型即可)

应避免用语:我们有规定,每次现场诊断都要拍实地照片,我们就拍几张行不行。(应秉持不违反业主方规定的原则)

(在现场应和一线人员补充收集与管理层座谈沟通中未收集到的材料及相关专项诊断资料。)

第四节 信息复核管理

一、任务目标与流程

前端团队人员完成信息收集与上传后,由地市、区县能效服务管理人员逐级开展能效诊断收集信息的复核管理,监督前端团队人员的服务规范性,保证报告质量。如信息复核不通过,管理人员将重新下发任务工单至前端团队人员进行信息检查。

二、标准用语

前端团队:××主任,您好,我们是国网××公司的×××,×月×日咱们现场做过一次能效诊断调研,您还记得么?给您致电是因为上次调研时有一部分×××数据通过我们的后台计算发现存在×××这些问题,为了保证后期给您出具能效诊断报告的可靠性,所以这次来电跟您确认下这部分数据和贵单位目前的实际运行数据是一致的吗?

(情况1)业主方:是的,我们现场就是这个数据。

前端团队:好的,那我们就还是以本数据为基础给您出具报告,大概××个工作日后贵单位的能效诊断报告就可以完成了，届时我们会在"绿色国网"App 给您推送并现场给您解读报告，您看方便吗？

（情况 2）业主方：这个数据确实有些问题，我稍后给你个实际数据。

前端团队：好的，那请您确定后将正确数据在"绿色国网"App 中更新下。（根据用户是否下载 App 的情况而定）

（情况 3）业主方：这些数据我也不太懂/我也不确定数据是否准确。

前端团队：没关系，××主任，这部分数据我们可以根据现场情况填写，您看是否方便我们再到您现场针对您的这部分数据进行专项的复核和考察呢？（后续步骤参考第三章第三节"现场信息核查"）

第五节　专属报告生成与解读

一、任务目标与流程

信息通过复核后，省级智慧能源服务平台自动生成涵盖"诊断结果+提升方案+典型案例"的用户专属报告，审核合格后的报告将自动推送至"绿色国网"App，供用户及前端团队人员查阅。前端团队人员在用户现场或通过电话方式就专属报告对用户进行解读。

二、标准用语

场景说明：前端团队人员完成信息补录，提交系统后向客户解读诊断报告。

（一）基础情况介绍

前端团队：经过我们对设备基本情况的了解和后台省级智慧能源服务平台的数据分析，现在生成了一份分析报告，这是由信息预收集和现场勘查后的各项数据资料形成的，报告主要包括：项目概况、诊断结果、提升方案、典型案例共 4 个大的方面，现在就这份报告，我来给您做一个解读和介绍。

业主方：好的，开始吧。

前端团队：首先，第一部分是基本概况，这里面是诊断目的、诊断依据、诊断范围、诊断周期，还汇总了您的用能情况分析、能源管理平台建设等基本信息。我们重点讲下面的，为您解读一下报告中的第二部分，诊断结果，我们先看能源管理措施方面。

通过诊断，贵单位管理方面（组织架构/台账管理/专业团队/日常巡检/节能宣传）做得比较到位，但是（组织架构/台账管理/专业团队/日常巡检/节能宣传）有待完善。

最终经过我们系统的总体分析认为，贵单位能源管理意识（有待提升/很好）、管理措施（有待补足/全面）。

再看主要设备能效方面，我们通过现场各种设备信息收集结合现场节能问询诊断分析：

咱们的设备购置于××年（××年做过一次统一更新），陆续更换过一些比较先进的设备，其中××系统因为（设备较新/制度完善/设有统一管理）能效水平较高，××系统大致是平均水平，××系统因为（设备较旧/制度不太齐全/没有整体管理/运维人员更替）能效水平比当初有所下降……

（根据结果先说明该单位做得好的用能系统，再列举还有不足的用能系统，有必要的话展开论述）

最终经过我们系统的总体分析认为，贵单位主要用能设备能效水平（较低/有待提升/较高），贵单位主要用能系统及设备（存在较大/存在一定/基本没有）可提升空间。

清洁能源利用方面，我们根据现场调研，贵单位目前已利用的清洁能源包括（太阳能光伏/地、水、空气源热泵/风能/太阳能热水/可再生水），其中太阳能光伏年发电量为×××kW·h，整体清洁能源的利用水平（较低/有待提升/较高）。

××省公共机构特别出台了有关于公共机构的能效定额标准，其主要的核心指标是单位建筑面积能耗指标和人均建筑能耗指标 2 项，经过我们现场的勘查和了解，您单位的具体情况根据计算，贵单位属于×××建筑，单位建筑面积能耗为×××kgce/m²，处于×××之间，（高于/低于）约束值，人均建筑能耗为×××kgce/人，处于×××之间，（高于/低于）约束值。

经过我们现场的详细勘查和系统大数据的详细分析，我们认为贵单位比较重视节能工作，已积极采取了一些降低能耗的措施，目前具体改造内容如下。

（1）……（略）

（2）……（略）

前端团队：您对我们上面做出的诊断内容有没有什么建议或意见？

（情况 1）业主方：不错不错，都是我们单位的实际情况，诊断的意见也比较中肯。

前端团队：感谢您的认可与肯定，那咱们继续看看我们系统给予的综合评定结果

和相应的技术改造方案。（参考"标准用语"中补全预收集资料的相关内容）

（情况2）业主方：总体来讲不错，但感觉我们的×××系统、×××设备、×××运行状态不是这样的，你再看看？

前端团队：那可能是有些误解，咱们回顾一下。（参考"标准用语"中开场介绍的相关内容）

应避免用语：那应该是你们前期提供的数据不对/那应该是我们分析出现了些差错。（双方一旦出现分歧，一律推给"误解""误会"，不必强调己方的专业性或其他双方可能的差异）

（二）诊断结论

前端团队：根据刚才咱们说的这些情况，从5个维度对贵单位的用能情况进行了综合评定，您看看这张评定结果图表。用能情况评定示例如图3-39所示。

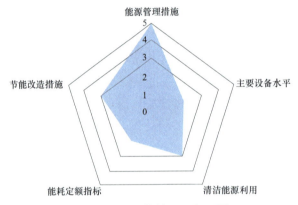

图3-39 用能情况评定示例

现在就这张图表的5个维度给您做一个解读。

（1）能源管理措施。贵单位已/未组建组织架构、已/未委托专业团队、已/未建立台账管理、已/未开展日常巡检、已/未制定节能宣传，根据算法模型得分××。

（2）主要设备水平。根据各贵单位主要用能设备的空调制冷系统/供暖系统/照明系统/配电系统/生活热水系统运营情况及设备现状进行评定，根据算法模型得分××。

（3）清洁能源利用。贵单位利用的清洁能源包括光伏/热泵/太阳能热水/可再生水，结合绿电交易情况，根据算法模型得分××。（该单位无相关清洁能源利用，根据算法模型不得分）

（4）能耗定额指标。贵单位当前单位面积能耗定额为××，处于××值和××值之间/超过约束值。人均能耗定额为××，处于××值和××值之间/超过约束值。根据算法模型得分××。

（5）节能改造措施。贵单位已实施的节能改造项目涵盖空调制冷系统/供暖系统/照明系统/配电系统/生活热水系统，根据算法模型得分××（该单位无相关节能改造措施，根据算法模型不得分）。

前端团队：根据对贵单位建筑基本信息收集，结合主要用能设备能效和建筑能耗指标的分析判断。我们前面诊断完毕以后，现在给您的建议提升方案如下。

（1）能源管理方面。建议加强管理团队建设，持续推进日常管理制度和措施的执行。

（2）能效提升方面。根据对主要用能设备的能效分析，建议针对（空调制冷系统/供暖系统/生活热水系统/照明系统/电梯系统/配电系统/数据机房系统）采取必要的节能技术改造，重点针对（老旧、低能效设备进行更换及能效提升/人员进行必要的培训/制度进行补充完善）。同时根据建筑特性及环境特征，加强（太阳能光伏/地、水、空气源热泵/风能/太阳能热水/可再生水）清洁能源的综合利用，从而实现建筑整体能效的大幅提升。

（3）平台建设方面。建议（加强/提升）能源管理平台的建设，进一步提高分项计量覆盖范围，依托能源管理平台强大的数据统计和分析功能，为建筑整体能效诊断和提升提供支撑。

（三）与诊断报告相关的答疑

基本原则：若用户提出的问题前端团队能够当场给予解答，则现场答复；若相关问题前端团队无法现场答复，则现场做好记录，告诉用户待确认后解答。

（四）典型案例推介

前端团队：接下来给您介绍下典型案例，是省内其他一些公共机构做过的节能改造项目，我们把这些项目成效给您做个参考。当然我们已经和项目单位确认过，这些数据都是脱敏处理过可以公开的。

业主方：行。

前端团队：好，您看下这个案例。（建议根据被诊断对象选取同行业案例）

××××机关大院位于××省××号，托管范围内总建筑面积为××××万 m²。××××人民政府于××年竣工、××年投入使用。日用能时间为××××h，从早上

××到晚上××，目前常驻办公人员约××人。××××人民政府能源种类主要为电量，建筑用能系统主要有空调系统、照明系统、办公用电等。

××××人民政府节能改造以电为主，包括照明系统改造、多联机集控节能改造、电能计量监测改造以及综合能源管理平台建设。

通过节能改造，××××人民政府预计每年可节约电量约×××××万 kW·h，按照电价××元/kW·h 计算，可节约费用××万元/年，可实现标准煤综合节能率约××%。

自××年××月改造完成至××月以来，结合现场技术节能以及现场运营管理，累计节约电量××kW·h，标准煤综合节能率约为××%。（主要强调项目成效）

××××人民政府办公照明灯具采用的是 T8×××和 T8×××日光灯管，极少数损坏灯具目前已替换为 LED 灯具，大部分仍为日光灯，本次改造拟更换 LED 灯管，选用优质 LED 光源，确保高亮节能。

多联机集控节能改造主要是增加 VRV 空调网关与大金空调室内机对接，把空调硬件设备纳入能源管理平台统一管理，通过在线监测空调运转模式、室内温度、设定温度等运行参数，并进行周期采集，进而对数据进行统计、分析，在此基础上建立相应的空调节能管理模型，通过配以集中控制、强制节能、节能短信报警等全方位节能预警手段，实现空调的运行用电远程监测、分析与使用管控，最终通过使用者的自主行为节能、管理者远程调控节能和设备定时或变量控制等节能手段，有效地控制空调合理使用，从而达到降低能耗的效果。

电能计量监测改造主要是增加总线计量表×××块，针对配电房××个低压出线回路增加网络电力仪表，增加楼栋分层用电计量表××台，通过电能计量分析系统实现本地化访问并可实时查询数据，为精细化用能管理提供有效数据支撑。

目前在×××市政府部署的综合能源管理平台，能够对空调末端进行管控，对变电站、楼层进行电能计量，对重点用电设备及区域进行能耗计量管理，实现绿色智慧运营。

前端团队：领导，我们的汇报先到这里，感谢您对我们此次工作的大力支持。（汇报时应注意用户的反应，如果已经开始走神，那么专业性技术性较强的部分尽可能略过）

（五）与节能改造工作相关的答疑

当业主询问具体改造方面的内容时，考虑到各省市场化业务需求各异，本部分仅供参考，如果确有市场化需求，则可淡化公益性、财务拨款等表述。

业主方：那我具体的节能改造该如何实施呢？

前端团队：领导，诊断结果提供了该单位的提升方案的建议，您也可以参考典型案例构思节能改造方案，当然咱们也可以先从较为直观的开始，比如先加强人为精细化管理、组织机构完善等。（此处涉及的技术细节参考诊断报告中的建议部分）

业主方：你们提供节能改造服务吗？

前端团队：领导，我们进行综合能效诊断完全是出于公益的目的，不直接提供任何节能改造；不过，如果您认可我们的诊断结论，我们可以为您介绍几家有相关经验的单位，供您参考。

（六）满意度反馈

前端团队：领导，我们的现场调研就到这里为止了，再次感谢您的理解和配合。稍后会给您在"绿色国网"App 上推送一个满意度调查，麻烦您关注一下，到时候给个评价。（如果前面对方还没有装 App：我们的详细报告会在 App 上面推送给您，您可以装一下）

应避免用语：领导，您看方不方便下载一下"绿色国网"App，给我们这次工作做个评价。（避免让用户觉得下载 App 就是为了给前端队伍评价）

第六节 客 户 评 价

一、任务目标与流程

完成报告解读服务后需收集用户满意度评价，用户可自行登录"绿色国网"App 查阅报告并评价。前端团队人员在绿色国网平台对用户评价进行反馈，省市能效服务管理人员对用户评价反馈进行审核确认后发布。

二、标准用语

前端团队：领导，我们的现场调研就到这里为止了，再次感谢您的理解和配合。稍后会给您在"绿色国网"App 上推送一个满意度调查，麻烦您关注一下，到时候给

个评价。（如果前面对方还没有"绿色国网"App：我们的详细报告会在"绿色国网"App 上面推送给您，您可以安装一下）

应避免用语：领导，您看方不方便下载一下"绿色国网"App，给我们这次工作做个评价。（避免让用户觉得下载 App 就是为了给前端团队评价）

第七节　能效服务成效跟踪

一、任务目标与流程

从设备能效提升改造、管理措施提升及总体经济效益提升情况几个方面，对开展过能效诊断的用户进行回访，并收集用户节能改造信息，支撑能效诊断业务开展成效测算。

二、标准用语

场景说明：前端团队现场为客户进行诊断报告解读后 3～6 个月，前端团队对业主改造后信息收集。

（一）未开展节能改造的情况

前端团队：您好，××主任，前段时间为贵单位进行了能效诊断工作，现在做一个回访。请问咱们改造工作已经开展吗？

业主方：有改造计划，还在向上级申请经费。

前端团队：好的，另外提醒您一下，根据 2022 年 9 月国管局等部门印发的《关于鼓励和支持公共机构采用能源费用托管服务的意见》规定，您的节能改造费用可以单独开具明细为能源资源及运维费用的发票，也许对您申请经费有帮助。

业主方：我们做这些节能改造政府有补贴吗？

前端团队：根据国家发展改革委 2021 年 5 月印发的《污染治理和节能减碳中央预算内投资专项管理办法》（发改环资规〔2021〕655 号），您可以将项目资料汇总成资金申请表提交给省发展改革委，一般是今年提报，如果通过审核明年政府会落实相关补贴资金，具体流程您可以搜一下这个文件。

（二）还在改造施工中的情况

前端团队：您好，××主任，前段时间给咱们进行了能效诊断工作，现在做一个回访。请问咱们改造工作已经开展了吗？

业主方：有改造，还在施工中。

前端团队：好的，请问进行了哪几方面的改造呢？

业主方：……（略）

前端团队：好的，那这些改造内容花费的金额大概是多少？

业主方：差不多××元吧/不便透露。

前端团队：好的，我们想对改造后的节能效果做一个信息收集，大致改造施工完成时间您这边预计在什么时候？

业主方：大概要到××月/不好说。

前端团队：好的，感谢，那我们过阵子再联系您。

（三）改造施工已完成的情况

前端团队：您好，××主任，前段时间给咱们进行了能效诊断工作，现在做一个回访。请问贵单位开展了改造工作吗？

业主方：有，已经完成了。

前端团队：好的，请问进行了哪几方面的改造呢？

业主方：……（略）

前端团队：好的，那这些改造内容花费的金额大概是多少？

业主方：差不多××元吧/不便透露。

前端团队：好的，我们想对改造后的节能效果做一个信息收集，请问改造后每月的能源用量（根据询问的改造内容和前期搜集的能源使用种类自行确定是哪种能源）节约了多少？

业主方：大概差不多×××。

前端团队：好的，谢谢您。想和您约下时间到现场看一下改造情况，您这边方便吗？

业主方：没问题，××时间是否可以。

前端团队：好的，谢谢××主任，麻烦您了。（根据自身时间安排自行确定）

第八节 操作安全注意事项

一、前端团队人员基本要求

（1）前端团队人员必须经过培训后方可上岗。

（2）前端团队人员必须熟知并掌握能效服务流程、方法，并初步掌握各类用能设备、系统的原理。

（3）前端团队人员必须严格遵守操作规范。

二、现场走访注意事项

前端团队人员现场走访过程中涉及多种用能设备、系统查看工作，需严格遵守以下注意事项：

（1）严禁在现场走访过程中吸烟，严禁携带易燃、易爆等危险品进入现场。

（2）去往各类用能系统机房、现场均需提前征求客户同意，且在相关人员陪同下方可进入。

（3）未经客户同意，不可操作各类设备（系统）的阀门、开关、控制面板、控制系统等。

（4）未经客户同意，不得翻阅、抄录任何客户档案或文件，不得向外公布、泄露任何客户数据或信息。

（5）雷、雨、雪、大雾等恶劣天气条件下，为保证人员安全，不进行室外项目的现场验证。

三、安全风险及预防措施

前端团队人员现场走访过程中，可能存在触电伤害、机械伤害、高温灼伤、高处坠落等安全风险，对应的具体预防措施如下：

1. 触电风险

现场查看客户配用电设备、系统时，因设备带电运行，具有触电风险。

预防措施：应避免直接操作运行中的任何配用电设备、系统。

2. 机械碰撞风险

机械碰撞风险包括设备上的突出物撞击以及机械传动构件触碰伤害。

预防措施：现场作业时，人员突然站起或转向时，须注意防止突出物撞击伤害；在观察水泵、风机等具有电机传动构件的设备时，要与设备保持一定安全距离，整理好人员衣袖、头发，防止被电机传动构件卷入造成伤害。

3. 高温烫伤风险

在空调主机机房、锅炉房等场景下，可能会存在高温烫伤风险。

预防措施：对于各类设备系统，切勿直接用手碰触设备表面，以防烫伤；对于锅炉房等存在高温运行设备的场景，应严格遵守工作人员要求，以免出现安全事故。

4. 高处坠落风险

对于需屋面作业（查看空调冷却塔、多联式空调室外主体等）的项目，存在高处坠落风险。

预防措施：屋面作业时，现场必须有客户相关工作人员陪同，严格按照客户要求行动，禁止擅自在屋面随意走动。

第四章

平 台 应 用

本篇系统性介绍了公共机构能效服务支撑平台的相关功能架构、功能规范，并面向不同类型操作主体描述了具体操作方法，旨在帮助业务管理与实施人员掌握平台功能应用，高效快捷完成能效服务工作。

第一节 整 体 概 况

公共机构能效服务支撑平台包括公共机构节约能源资源综合信息平台（简称"公共机构平台"）、省级智慧能源服务平台（简称"省级平台"）、"绿色国网"等平台与移动作业工具。公共机构能效服务支撑平台系统架构如图 4-1 所示，其整体设计如图 4-2 所示。

公共机构平台是公共机构基本信息、能源消费信息数据汇集的平台。公共机构平台由国家机关事务管理局委托国家电网公司建设，部署在公司互联网大区，以服务集成的形式，通过"绿色国网"对外提供服务。

"绿色国网"是国家电网公司能效服务互联网入口，是公司能源消费侧节能降碳一站式服务平台。作为国家电网公司一级域名对外服务网站及各主流应用商店上架"绿色国网"App，与用户实现便捷交互，负责汇聚产品、解决方案、案例等各类服务资源，为用能用户、能源服务商提供服务。在公共机构现场能效诊断服务中，具有用户用能数据预填报、专属报告查看、服务评价、案例推荐等功能。"绿色国网"部署在国网北京数据中心，其中互联网服务以及互联网运营平台部署于互联网大区。"绿色国网"集成架构如图4-3所示。

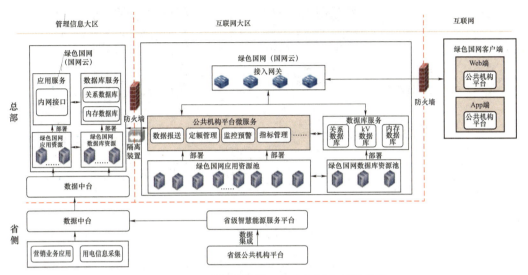

图4-1　公共机构能效服务支撑平台系统架构

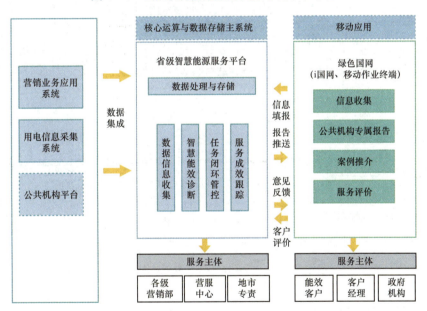

图4-2　公共机构能效服务支撑平台体系整体设计

省级平台是省公司开展能效服务等日常业务运作的核心支撑系统，提供数据存储和核心运算。省级平台部署在各省公司数据中心，在管理信息大区部署业务管理类应用，在互联网大区部署接口应用。

省级平台及"绿色国网"公共机构能效服务应用架构如图4-4所示。

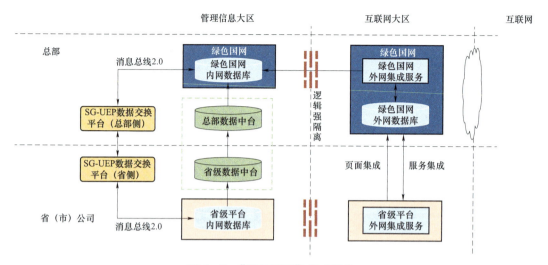

图 4-3 "绿色国网"集成架构

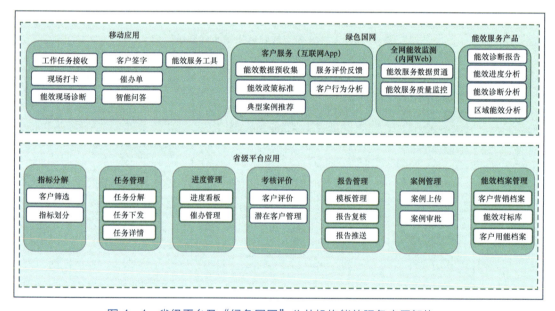

图 4-4 省级平台及"绿色国网"公共机构能效服务应用架构

（一）业务管理功能

业务管理功能主要服务于省公司、省营销服务中心、市县公司能效服务管理人员，实现总部（"绿色国网"）—省（省级平台）两级服务进度的管控。

总部侧通过"绿色国网"实现各省公司能效服务进度的统计分析，包括能效服务数据贯通、能效服务质量监控等功能。省侧通过省级平台实现年度目标指标分解、任务管理、进度管理、报告管理、考核评价等全流程管控，实现能效档案数据管理、能效诊断报告生成等功能。

（二）现场赋能功能

现场赋能功能主要服务于前端团队人员，通过移动应用实现，主要包括工作任务接收、催办提醒、现场打卡、客户签字、智能问答、能效服务工具等功能。"绿色国网"App 可支持客户查看能效诊断报告及能效提升案例，主要功能包括能效信息预收集（可选）、能效诊断报告、能效政策标准、案例推介、客户评价等。

（三）能效服务产品

省级平台为用户提供专属能效报告，为各级营销部、省营销服务中心提供能效诊断分析、能效进度分析等功能，为政府部门提供区域能效数据分析。

平台提供 11 项一级功能和 43 项二级功能，具体见表 4-1。

表 4-1 平 台 功 能 一 览

序号	一级功能	二级功能	涉及用户
1	移动应用（省级平台）	工作任务接收	前端团队人员
2		客户经理现场打卡	前端团队人员
3		客户信息收集	前端团队人员
4		能效诊断报告	前端团队人员、地市专职
5		客户签字确认	前端团队人员
6		催办单	省级营销服务中心、地市专职
7	指标分解	客户定级	省级营销服务中心
8		指标划分	省级营销服务中心
9	任务管理	任务制定	省级营销服务中心
10		任务下发	省级营销服务中心、地市专职
11		进度管理	省级营销服务中心、地市专职、客户经理
12	催办单管理	催办单下发	省级营销服务中心、地市专职
13		催办单统计	省级营销服务中心、地市专职
14		催办单详情	省级营销服务中心、地市专职

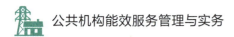公共机构能效服务管理与实务

续表

序号	一级功能	二级功能	涉及用户
15	报告复核管理	复核规则库	省级营销服务中心、地市专职、前端团队人员
16		复核审批	省级营销服务中心
17		分析诊断算法	省级营销服务中心、地市专职
18		模板管理	省级营销服务中心、地市专职
19		报告生成管理	省级营销服务中心、地市专职
20		报告使用管理	省级营销服务中心、地市专职、前端团队人员
21	案例管理	案例上传	省级营销服务中心、地市专职、前端团队人员
22		案例审核	省级营销服务中心、地市专职
23		案例查询	省级营销服务中心、地市专职、前端团队人员
24		案例列表	省级营销服务中心、地市专职、前端团队人员
25	考核评价	客户评价展示	用能客户
26	成效管理	潜在客户管理	省级营销服务中心、地市专职、前端团队人员
		服务进度看板	省级营销服务中心、地市专职
27	用户能效服务（"绿色国网"App）	能效信息预收集	用能用户、省级营销服务中心、地市专职、前端团队人员
28		能效诊断报告服务	用能用户、省级营销服务中心、地市专职、前端团队人员
29		服务评价反馈	用能用户、省级营销服务中心、地市专职、前端团队人员
30		典型案例推荐	用能用户、省级营销服务中心、地市专职、前端团队人员
31		能效政策标准	用能用户、省级营销服务中心、地市专职、前端团队人员
32		用户行为埋点	用能用户、省级营销服务中心、地市专职、前端团队人员
33	能效业务监测分析	能效服务工作台	总部 省市公司 一体化运营团队
34		用户行为分析	总部 省市公司 一体化运营团队
35		能效服务质量分析	总部 省市公司 一体化运营团队

序号	一级功能	二级功能	涉及用户
36	能效业务监测分析	解决方案与典型案例	总部 省市公司 一体化运营团队
37		能效服务监测	总部 省市公司 一体化运营团队
38		用户能效档案	总部 省市公司 一体化运营团队
39		服务集成监控	总部 省市公司 一体化运营团队
40	应用接入与监测（绿色国网）	界面集成	—
41		服务集成	—
42		集成监控	—
43		集成告警	—

第二节 公共机构平台

一、建设背景

2022 年 5 月 25 日，国家机关事务管理局发来《国家机关事务管理局关于商请支持开发全国公共机构节约能源资源综合信息平台的函》。国网营销部高度重视，组织开展方案研究、项目储备、平台研发、部署实施、功能测试、发布上线、应用培训、协助推广等工作，助力实现公共机构节约能源资源工作数字化、智慧化。

公共机构平台由国网综能服务集团组织研发实施，部署于国网西安数据中心。

2022 年 12 月 30 日，公共机构平台成功上线运行，为公共机构节能提效提供支撑。公共机构平台以"全面掌控、精准预警、节能降耗、双碳落地"为目标，具备能耗数据智能监测预警、定额指标个性化管理、碳排放自动核算、能耗数据自动采集、能耗大数据分析等功能，汇聚了全国公共机构能耗数据，可以为制定公共机构节能政策提供数据分析，为节能改造项目提供数据支撑，为日常运行提供数据指引。公共机构平台系统架构如图 4-5 所示。

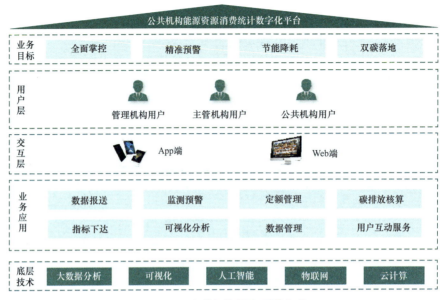

图 4-5　公共机构平台系统架构

二、功能介绍

公共机构平台主要功能包括数据报送、监测预警、定额管理、碳排放核算、指标下达、可视化分析、数据管理、用户互动服务等。

（一）数据报送

公共机构用户依据《公共机构能源资源消费统计调查制度》，依托公共机构平台完成《公共机构基本信息》《公共机构能源资源消费状况》《公共机构数据中心机房能源消费状况》《公共机构采暖能源资源消费状况》等报表填报。基本信息和人员信息内容自动同步到基础报表，减少填报工作量。统计报表数据按照会审逻辑实时自动校验，不合理数据及时提示，方便查漏补缺。组织对用电、燃气等用能数据进行集成，实现自动采集。通过供电、供水、供气等单位数据对接，提高能耗数据的完整性、准确性和时效性，减轻各级公共机构能耗统计人员填报负担。

（二）监测预警

及时监测各公共机构能耗数据异常变化情况，督促各公共机构加强节能管理。

（三）定额管理

通过对能耗定额的分析计算，展示党政机关、教育、科技、文化、卫生、体育等类型公共机构能耗定额指标分析结果，及时预警超能耗定额单位。

（四）碳排放核算

自动测算各级各类公共机构碳排放总量和强度，及时掌握办公区、数据机房、锅炉房、开水房、食堂、公务用车等气电油水消耗，测算碳排放情况。

（五）指标下达

各级机关事务管理部门通过公共机构平台制定节能指标，根据各单位历史能耗指标和节能情况，设置相关指标送达下级单位，同时依据能耗监测的信息对指标的完成情况进行核定，确保年度的节能指标能够完成。

（六）可视化分析

依托平台汇聚的公共机构能耗数据，通过核心成效、能源消费概况和管控指标分析等维度对数据进行可视化分析展现，实现对各级公共机构能耗趋势的分析与研判。

（七）数据管理

建立国家级公共机构能耗数据仓库，集中管理多渠道数据接入，动态监控数据安全风险，确保数据"存、管、用"全方位安全。通过强化大数据分析，加强用能、用水和碳排放等能耗数据运用，为科学决策、精准施策提供支撑。

（八）用户互动服务

基于知识库、消息推送等基础公共产品功能，实现公共机构典型节能成果分享，精准传达设备告警、预警、运维等信息。

三、建设进展

在国家机关事务管理局指导下，公共机构平台已在辽宁、湖南、新疆等17个省、自治区、直辖市应用，并将在2024年前实现全国范围内推广应用。

（一）平台用户方面

目前，平台已入驻 46.8 万余家公共机构，完成 2022 及 2023 年度能源资源消费统计数据报送，完成各级机构能源资源消费表、机房能源消费表、采暖消费表等 90 万张报表报送。

（二）数据接入方面

1. 用电数据

绑定国家电网公司经营区域内公共机构用电户号 18 万个，累计完成 216 万条电量电费数据接入；完成南方电网公司经营区域内用电数据集成，累计绑定用电户号 2 万个。

2. 水务数据

完成北京市节水用水管理事务中心数据集成，实现中央国家机关在京单位用水数据自动采集。

3. 燃气数据

完成北京市燃气集团有限责任公司数据集成，实现中央国家机关在京单位燃气数据自动采集。

（三）平台培训方面

建立客户服务团队，制作用户手册及操作视频等资料，为中央国家机关及北京等 11 个省份用户开展培训，培训人数超 3 万人；开展用户数、报送质量进度等分析，累计编发《平台运营周报》52 期。

1. 平台功能建设

（1）多种能源自动采集功能。国家机关事务管理局与国家电网公司、南方电网公司、北京市燃气集团有限责任公司、北京市节水用水管理事务中心等多家能源单位建立合作，对能源数据接入进行授权，编制《平台数据接口与服务规范》，开发多种能源数据自动接入功能，现已实现部分地区公共机构用水、用电数据自动采集，后续实现燃气、热力等数据自动采集。

（2）省级自建公共机构平台数据自动接入。平台按照"两级部署，多级应用"架构，全国现有四川、江苏、浙江等省级自建公共机构平台，已实现与全国公共机构平台集成贯通。

（3）全景展示立体化。大屏全景可视化功能可以全面展示各地区总量指标、强度指标、上报情况信息，并可按照各类能耗指标对各地区进行排名，直观反映公共机构节能工作成效；实现全国能耗一张网，大屏地图具备下钻功能，点击各地区可进入各地大屏页面，详细展现各地区用能总量、强度等能耗信息。

（4）辅助决策更精准。实现各地区公共机构超定额分析，有助于辅助决策精准挖掘潜力机构目标客户。以某地区为例，根据本地区发布的能源消耗定额，以人均综合能耗定额指标对政府机关、教育机构、文化馆进行超定额筛选，以单位建筑面积综合能耗对医院超定额筛选（见图 4-6），统计出超定额机关单位 83 家，可精准开展节能提效工作。

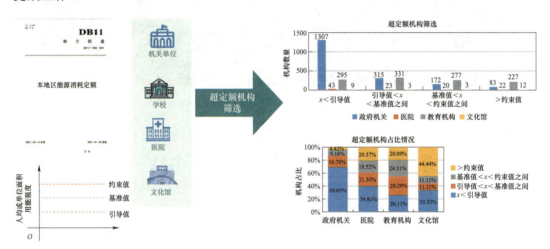

图 4-6　公共机构客户超能耗定额统计分析情况

2. 平台建设推广

2023 年 7 月 5 日，国家机关事务管理局召开全国公共机构节约能源资源管理信息化工作会议（见图 4-7），全面部署公共机构平台的建设推广工作，对公司配合做好平台推广、名录库建设、用电数据集成做出工作安排。国家电网公司受邀参加会议并作交流发言。

会后，国网营销部印发《关于支持做好全国公共机构节约能源资源综合信息平台建设运营工作的通知》（营销市场函〔2023〕58 号），对工作进行部署安排。

（1）配合各级机关事务管理部门完成公共机构平台建设推广。国网综能服务集团负责做好全国公共机构平台建设运营推广，做好功能优化和用户培训；承建本省公共机构平台的省公司要结合实际需求，做好平台设计开发和功能完善。2023 年底前，完成平台在 80% 以上中央国家机关所属公共机构部署运行；2024 年 5 月底前，完成平台在中央国家机关所属公共机构的部署运行。各地区于 2024 年上半年完成平台的部署运行。

图 4-7　公共机构节约能源资源管理信息化工作会议

（2）做好公共机构用电数据接入平台。国网综能服务集团协同国家机关事务管理局及各省机关事务管理局提供公共机构名录及用电户号。国网客服中心依据公共机构用电户号，每月提供客户电量电费信息，做好数据质量核查。各省公司每月将本省公共机构用电信息上传至总部数据中台，并做好数据质量源头治理。2023 年底完成 80%以上中央国家机关所属公共机构用电数据接入，2024 年 5 月底前全面完成中央国家机关所属公共机构用电数据接入，2024 年底前完成各地区用电数据接入。

（3）推动各级机关事务管理部门加快公共机构名录库建设。国网综能服务集团负责完成公共机构名录库质量审核功能设计开发。各省公司促请本省机关事务管理局加快名录库建设，主动配合完善名录库档案信息。2023 年底前，形成中央国家机关本级所属公共机构名录库；2024 年底前，形成全国公共机构名录库。

第三节　省级智慧能源服务平台

一、建设背景

2019 年，国网营销部启动省级平台、"绿色国网"建设，推进信息技术和能源技术融合。2020 年起，随着"供电＋能效服务"体系建设，省级平台、"绿色国网"功能定位向能效服务支撑平台转型升级。

省级平台作为公司能效服务业务管理平台，负责业务管控、现场赋能、数字化产品推广。省级平台按平台支撑、客户服务、内部管理等业务使用场景，划分为基础、高级、管理 3 类应用。

（一）能效服务业务管控

依托省级平台开发客户能效排查分析、潜力项目储备、服务质量评价等功能，实现能效公共服务的全流程在线管控。同时，面向公共机构、工业企业、园区、服务商提供能效数字化服务。

（二）综合能效诊断服务

依托营销业务应用系统和用电信息采集系统，获取客户多维用能数据，提供涵盖用能结构分析、能效对标、绿电交易咨询等主题的综合能效诊断报告服务。

（三）智能运维服务

针对配电站房、分布式光伏等运维场景，通过对低压柜、开关状态、逆变器状态等关键设备状态的智能采集和远程监测，研发故障智能诊断、智能派单等关键技术，提升设备监测、状态检修、故障研判、联动抢修等智能化水平。

二、公共机构能效服务功能模块介绍

（一）指标分解

省公司依托省级平台实现指标分解，根据省公司年度任务目标，结合本省公共机构基础数据，确定公共机构服务对象及其服务优先级，并将任务指标分解至地市公司。

（二）任务管理

任务管理为营服中心、地市及区县专职人员提供任务管控服务，包含任务分解、任务下发等功能。

1. 任务制定

（1）目标清单：列表展示目标客户信息，可进行增加、删除、导出等操作。

（2）地市分解：具备对目标任务与客户经理进行任务绑定的功能。

2. 任务下发

（1）省级任务下发：应具备客户基础信息分市（县）进行自动匹配，经过省营服中心确认后下发任务。

（2）地市级任务下发：应具备省级下发任务确认接收功能，具备客户基础信息匹配前端服务人员所在地区功能，经过地市、区县专职确认后下发任务。

（3）任务改派：具备拒收任务的改派下发功能。

（三）进度管理

（1）进度设置：应具备进度设置功能，该进度可保存并下发至各供电单位。

（2）进度详情：应具备分权限展示进度详情功能，具备任务基本信息详情展示以及任务进度日志功能，当任务已完成，可查看客户的评价和签名，根据使用角色分别展示任务进度情况。

（四）催办管理

（1）催办单下发：催办管理模块包含自动催办及催办展示、催办单统计功能。计算各市县公司完成率，根据完成率和目标值进行对比，低于目标值的地市公司进行自动下发催办单（区县不管）。

（2）催办单统计：计算、下发催办单时间设定催办单展示功能，具备根据使用权限展示催办单功能，根据使用角色不同、任务状态的不同，展示当前角色催办单的信息，以及当前催办单的流转状态。

（3）催办单查询：可根据催办时间、催办人员姓名等信息查询催办单。

（五）报告复核管理

（1）复核规则库：对所有诊断报告进行复核管理，可对报告进行筛选、查看等操作。

（2）复核审批：生成诊断报告需由省营销服务中心进行核查审核，审核通过后用户可查看诊断报告。

（3）报告生成管理：报告生成管理用于省级平台形成涵盖"诊断结果+提升方案+典型案例"的客户专属能效诊断报告。

（4）报告使用管理：公共机构专属报告发生版本迭代时记录报告迭代的版本、历史记录和操作记录。

（六）评价管理

（1）客户经理结合报告内容向公共机构客户提供现场解读，完成服务后收集客户满意度评价。

（2）客户可自行登录"绿色国网"App查阅报告并评价。

（3）前端团队人员在省级平台对客户评价进行反馈，省营销服务中心对客户评价反馈信息进行审核确认后发布。

（七）案例管理

（1）案例录入，可录入项目背景、项目内容等信息。也可再次进入编辑，保存会将信息保存在本地，可不进入审核环节，提交则会进入审核环节。

（2）案例审核，对提交的案例方案信息进行逐级审核，由省营销服务中心审核发布。

（3）案例查询，依据查询条件机构类型、时间、区域、项目名称等筛选要求后，进行搜索，方可筛选出列表中对应的案例。

（4）案例列表，案例列表默认展示方案共享库全部信息，列表可按照时间、浏览量等进行排列。案例库根据诊断报告中提升方案建议匹配与目标客户潜力吻合的典型案例，典型案例介绍从项目背景、项目内容、项目成效方面给客户提供参考。

三、建设进展

2023年，国网营销部组织开展公共机构现场能效诊断业务梳理，形成功能规范和软件规格说明书等功能标准化设计。27家省公司积极推进平台功能建设，完成平台功能建设推广，累计为2.9万户公共机构开展现场诊断服务。

第四节 绿 色 国 网

一、建设背景

"绿色国网"是公司能效服务互联网入口，是省级平台业务应用对外服务和展示枢纽，是部署于"国网云"互联网大区的对外服务系统。2020年9月面向社会发布，入选工信部工业互联网平台应用创新推广中心项目、物联网集成创新与融合应用类项目，纳入公司"数字新基建"十大重点任务、数字化转型十大工程（客户服务智慧提升工程）。

"绿色国网"汇聚产品、解决方案、案例等各类服务资源，为公共机构、用能企业、能源服务商提供服务，其功能展示如图4-8所示。

1. 技术规范

遵循国家电网公司数字化统一颁发的涉密数据安全管理规范；统一由"绿色国网"提供用户服务；省级平台提供互联网访问IP，开放相关访问端口，确保网络畅通；"绿色国网"框架做统一域处理转发，确保主站页面调用省侧子页面同域访问。

2. 技术路线

"绿色国网"技术架构遵循公司数字化项目总体技术路线和安全防护体系要求，平台支撑层基于"国网云"资源及服务进行平台构建。应用功能层基于容器化部署，以微服务、微应用技术，基于国家电网公司统一应用开发平台（SG-UAP）进行研发，降低应用间的耦合度。在数据层面，通过数据中台（总部-省市公司）两级数据交换能力，通过应用程序开发接口（API）方式实现与营销业务应用、用电信息采集、省级平台统计数据获取。网页端采用前后端分离技术，移动端采用原生安卓及原生 iOS 技术。

二、公共机构能效服务功能模块介绍

围绕能效公共服务需求，"绿色国网"开发公共机构信息预收集、专属报告下载功能，给用户提供服务入口，供用户在外网端填写用能信息，在能效服务结束后自行下载查看报告，并免费提供节能建议及方案，同时用户可对服务情况进行评价。"绿色国网"为前端团队人员和用户提供线上互动平台。

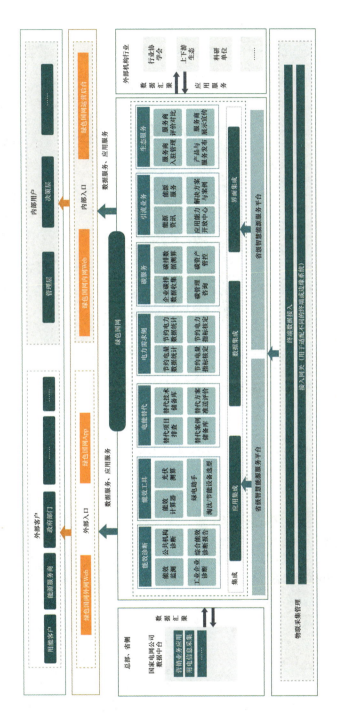

图 4-8　"绿色国网" 功能展示

（一）互联网服务入口功能

"绿色国网"互联网入口功能如图4-9所示。

面向公共机构及用能企业提供综合能效诊断、智能运维、行业动态、政策信息、技术标准、培训课程、服务资源智能推荐等能效产品与服务。

图4-9 "绿色国网"互联网入口功能

面向能源服务商提供产品发布、客户对接、宣传推广、运营分析，推动能效生态体系建设。

（二）资源汇聚功能

"绿色国网"资源汇聚功能如图4-10所示。

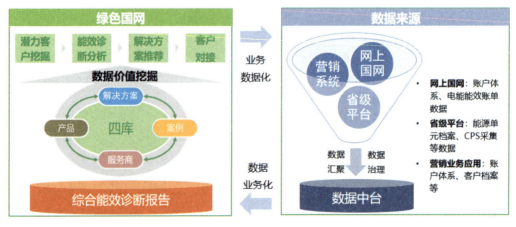

图4-10 "绿色国网"资源汇聚功能

通过征集公司能效服务的典型案例、优选平台服务商发布的优质案例，完成 74 项业务产品集成发布，累计汇聚"四库"（产品库、案例库、解决方案库、服务商库）资源 21081 项。依托"四库"资源，在提供在线能效服务的过程中，识别能效潜力用户、智能推荐服务案例与资源，帮助服务商与用能用户进行业务交互，促进双方合作落地。

"绿色国网"建立完善的能效服务标准库、服务资源库和赋能知识库，为前端团队人员提供典型案例、解决方案等服务资源智能匹配，支撑现场能效业务开展。

（三）业务管控支撑功能

"绿色国网"展示大屏通过汇聚"绿色国网"及 27 家省级平台内外网实时数据，从业务发展概况、平台运营分析、平台实用化监测评价、多媒体展示 4 个方面直观展示公司能效业务成效，为"供电＋能效服务"的业务发展提供展示窗口。

1. 用户能效服务

"绿色国网"通过能效信息预收集、专属能效诊断报告查阅下载、能效服务星级评价与意见反馈、优秀案例推荐、能效政策标准查阅等服务内容，为用户提供能效服务。

（1）能效信息预收集。为公共机构用户提供能效信息预收集功能，用户可自行录入公共机构用户基本信息、主要用能设备基本信息、能耗信息等数据，为前端团队人员现场收集审核提供初步数据参考。

（2）能效诊断报告服务。省级平台为用户生成能效报告并推送至"绿色国网"，用户可登录"绿色国网"App 查阅诊断报告并下载 PDF 报告。

（3）服务评价反馈。用户通过"绿色国网"以星级评定和意见录入的方式，对专属报告及能效服务进行评价。评价结果和反馈意见推送至省级平台对应前端团队人员页面，帮助前端团队人员提升服务质量。

（4）典型案例推荐。通过分析用户专属诊断报告数据和用户类型信息，为用户智能推荐解决方案与典型案例。

（5）能效政策标准。为用户提供能效政策库（国家、行业、地方能效政策）、能效定额标准等内容的查询浏览功能。

（6）用户行为分析。

1）"绿色国网"对用户在"绿色国网"页面上的行为进行埋点及分析，采集用户行为数据，包含页面埋点、事件埋点、省侧应用跳转埋点等。

2）省级平台应用对用户在能效诊断报告、客户评价等涉及用户使用行为数据进行埋点采集并同步至"绿色国网"。

3）"绿色国网"对用户行为数据进行汇总分析，为持续优化报告设计提供决策依据。

2. 公司系统能效业务监测分析

在"绿色国网"Web端建设能效数据贯通、能效服务质量监控等业务功能。

（1）能效服务数据贯通。"绿色国网"与省级平台能效服务业务数据贯通，包含指标分解数据、任务管理数据、进度管理数据、能效报告数据、案例数据、考核数据、能效档案数据等，实现能效用户档案信息、任务进度、典型案例、诊断报告详情等数据供总部侧展示、查询、分析。

（2）能效服务质量监控。对 27 家省级平台集成至"绿色国网"的数据质量、稳定性进行监测，促进业务应用体验良好、服务正常，确保用户能效档案建设质量，从严管控数据质量。

3. 能效服务产品

对公司及省公司能效服务工作总体情况进行进度、质量、成效总览展示，支持个性化查询与定位分析。

（1）能效进度分析。汇总各省公司能效服务进度相关数据进行统计分析、展示，统计公共机构能效诊断任务完成情况，对任务进度进行管理。

（2）能效诊断分析。汇总各省公司能效诊断服务相关数据进行统计分析、展示，主要对清洁能源利用、主要设备水平、能源管理措施、能耗定额指标、节能改造措施等 5 个维度进行统计分析。

（3）区域能效分析。汇总各省公司能效进度数据及能效诊断数据，以能效公共服务地图进行展示分析，实现全国、省（自治区、直辖市）、地市 3 级数据展示。

三、建设成效

目前，"绿色国网"已完成客户端（Web、App）、运营端、内网管理端、大屏等服务功能建设；2021 年底与 27 家省级平台全面集成贯通，已应用业务中台、数据中台、统一权限平台、人工智能平台的公共服务能力；完成 76 次功能版本迭代，形成了引流赋能、产业生态、集成应用、两级运营、业务管控、大屏可视化等六大功能板块。

"绿色国网"有力支撑了公共机构能效服务，未来将持续加大平台运营推广力度，推进能效数字化支撑能力建设，重点开展以下 5 方面提升。

1. 加大政府协同

与国家机关事务管理局持续深化工作协同，在"十四五"内完成"绿色国网"公共机构能源消费统计功能全覆盖，做好节约型机关创建数字化支撑，助力公司开拓能源托管项目和精准服务，扎实推进公司双碳行动方案在客户侧落地实践。

2. 支撑能效服务

充分发挥公司用户侧渠道服务优势，依托"绿色国网"支撑各省公司全面开展公共机构能效现场诊断，完善用户能效档案、能效画像等能效数字化基础；深化能效诊断报告用户解读、服务跟踪，支撑用户节能提效。

3. 强化业务管控

实现能效公共服务在线管控，动态开展目标完成度、工作标准化、实施时效性、客户满意度等维度统计分析，实现闭环管控、全程追溯。建立总部侧、省侧运营团队，提升平台对业务的服务能力，实现线上与线下业务协同。

4. 深化赋能支撑

全面建立能效标准库、案例库、解决方案库、产品库，提供服务资源智能推介，为用能用户、能源服务商、前端团队人员提供赋能支持；动态发布用户侧用能设备能效测算、淘汰设备库等工具集，助力新型电力系统建设。

5. 提升用户体验

聚焦核心功能输出，完成"绿色国网"首页布局和用能监测等主题展示界面优化，协同各省公司开展现场能效服务应用推广，提升市场主体参与度、用户活跃量，打造具有行业影响力的能效服务品牌。

第五节　移动作业工具

一、建设背景

为落实《国网营销部关于印发 2023 年营销市场业务重点工作安排的通知》（营销市场〔2023〕14 号）对开发能效服务移动应用功能的工作要求，各省公司等有关单位根据移动端应用基础，基于省级平台功能，开发"绿色国网"App、"i 国网"App、移动作业终端能效服务解决方案，实现用户信息智能采录、现场流程引导、服务产品推介、典型案例匹配等功能。

二、能效服务功能介绍

前端团队人员借助"绿色国网"App、移动作业终端等移动作业工具为公共机构用户提供能效诊断服务，省级平台对诊断服务提供算力支撑，并提供专属报告。前端团队依托移动作业工具为公共机构用户提供报告的现场解读，解读结束后，由用户签证确认，并对服务满意度进行打分，完成现场服务闭环。主要功能包括能效诊断现场、工作任务接收、现场打卡、用户签字等。

（一）工作任务接收

前端团队人员根据实际情况选择接收或拒收任务，若拒收则返回到地市专职重新改派任务。相关数据同步至省级平台，便于任务跟踪管理及改派等事宜。

根据用户基础信息按照用户的潜力、规模、体量进行初步分析排序和任务分解，由省级、地市专职、区县专职（班组长）按照公共机构归属的供电单位自动划分，地市专职（或者班组长）按前端团队人员批量分配其负责具体公共机构。从而实现公共机构诊断流程任务的线上管控和流转。经过市县公司专职确认后下发任务到前端团队人员，此时前端团队人员通过移动端查看处理市区县下发或改派的任务单。包括已签收、待签收、预警、超期、已完成。

1. 待签收
查看下发给前端团队人员的任务单数量、列表及详情，详情包括用电户名称、用电户编号、地址信息等，前端团队人员根据负责的范围判断是否接收，若接收可进行后续的用户能效数据收集工作，若拒绝则任务单返回进入待分配状态。

2. 已签收
查看已签收的任务数量、列表与详情并跟进处理。

3. 预警
查看到达预警时间的任务数量、列表与详情并跟进处理。

4. 超期
查看已超期时间的任务数量、列表与详情并跟进处理。

5. 已完成

查看已完成的任务数量、列表与详情。

（二）能效现场诊断

1. 信息预收集

前端团队人员通过移动作业工具向公共机构用户发送能效诊断预收集信息邀请，收集信息包含建筑基本信息、主要用能设备信息、节能措施实施情况等，由前端团队人员邀请线上填写，预收集信息反馈结果自动写入移动作业终端初始数据。系统根据数据校核模型，对填写的数据进行自动校验，避免数据产生明显错误。

（1）基础信息：包含建筑定额类型、建筑面积、用能人员、建筑围护结构、可再生能源、能源费用、能源种类、能源消耗分类等。

（2）设备信息：包括空调制冷系统、供暖系统、生活热水系统、照明系统、电梯系统、配电系统、数据机房、厨房设备等信息，如图 4–11 所示。

（3）用能信息：包括建筑物年度总用能记录或能耗账单、分月能耗数据。

（4）调研问询：对公共机构能源管理组织机构和管理制度的落实情况进行调研，现场问诊建筑主要用能设备/系统运营情况、使用效果等信息，通过对预设问题判断以及算法模型的分析为建筑整体能效诊断提供依据。问询内容涵盖管理措施及主要用能的空调制冷系统、供暖系统、生活热水系统、配电系统、照明系统、电梯、数据机房、厨房设备等。

2. 现场补录确认

前端团队人员现场补录平台未获取数据，以便确认数据完整性和正确性。

图 4–11　建筑主要用能设备基本信息收集

（1）用户信息前置收集。根据省级平台下发的数据补录项，到达用户现场手动补录输入用户用能信息，同时具备上传至省级平台的功能。

（2）现场信息补录确认。前端团队人员在指导下，对预收集及前置收集阶段未明确的能效诊断信息，进行后续补录与确认。

（三）用户签字

前端团队人员根据生成的报告内容向公共机构用户提供现场解读，完成服务后用户对报告内容签收确认。用户签收确认完成后，服务实现闭环。

（四）催办预警

（1）省营销服务中心和地市公司专职分别执行省级管控和地市管控职责，定期下发督办单管理任务进度。

（2）前端团队人员可在移动端查看催办单详情。

（3）根据任务状态的不同，展示当前催办单的信息、当前催办单的流转状态、催办单关联任务的实时进度情况。

（五）能效服务工具

能效服务工具助力前端团队人员更便捷化的开展能效诊断服务业务，主要包含学习培训、能效测算、能效诊断记录等。

三、建设成效

截至目前，山东、江苏等省公司均完成公共机构能效服务移动作业工具建设，支撑前端团队人员为3589家超定额或用能量较大公共机构提供能效现场诊断服务，包括信息收集、现场诊断、报告解读、案例推介等具体工作，实现诊断工作全流程记录和量化评价数字化，为助力公共机构节能降碳提供数字化支撑。

第六节 数 据 质 量 管 理

一、工作背景

能效服务数据质量管理是指建立数据质量检查规则并运用技术手段，对数据质量问题进行跟踪、检查、分析、评价、督促整改，主要包括常态数据管理、专项数据管理、数据抽查、问题处理、分析评价等工作。国家电网公司结合公共机构能效诊断数据工作，全面开展能效诊断数据质量管理体系建设，按"自动校验、人工核查、工单整改"原则开展常态数据治理工作。

（一）数据质量规则制定

数据质量规则是检验数据及时性、完整性和准确性的一系列核查验证方法。在开展能效相关产品设计时，应根据业务需要，同步确定数据质量管理重点、原则、思路和实施计划，统一规定数据质量管理要求和技术措施，并及时发布，作为数据审核监控的依据。

（二）数据审核监测

数据审核监测是根据常态数据质量管理规则，在数据采集、数据审核等数据处理环节开展的数据管理工作。

1. 系统校验审核

前端团队人员开展现场诊断时应同步填报现场能效诊断数据、同步上报诊断行为数据。现场能效诊断数据填报时，填报页面应设置业务、技术等逻辑校核，自动校验提示空值、超出取值范围、疑似逻辑不合理项等内容，通过即时校验实现字段自动关联、选项智能限定，减少误操作。

2. 人工审核

人工审核是指现场诊断数据提交后，由提交单位的上级单位根据数据质量规则在规定时限内完成数据完整性、准确性、有效性审核工作，分为市、县公司两级审核，重点审核数据合理性、照片有效性、现场服务诊断行为规范性、佐证材料的真实性等。审核通过的现场诊断数据，可用于开展能效服务。满足以下条件之一的，应回退至提交单位重新采集或核实：

（1）不符合数据质量规则相关规定的；

（2）明显不符合实际或不合理的；

（3）无有效诊断行为数据的；

（4）其他经审核应回退的。

3. 填报数据审核监控

数据审核监控是根据常态数据质量管理规则，在数据采集、数据审核等数据处理环节开展的数据管理工作。

由于实际情况变化，需更新相关数据的，应发起数据更新申请，更新部分需按相关类型数据的审核监控要求执行。

（三）数据抽查

数据抽查遵循"覆盖全面、抽样科学、比例适宜、便于操作"的原则，突出体现适用性、问题针对性及可操作性，达到对规范数据质量管理工作的目的。

（四）数据质量问题处理

经审核监控、抽查发现的各类问题数据，按照问题性质，应分别发起告警工单、预警工单和问题工单。

告警、预警工单指在数据采集或审核监控环节，根据数据质量规则，系统自动核查发现异常数据和疑似异常数据后自动生成的工单。

问题工单是指在数据抽查过程中发现的异常数据或疑似异常数据后，向数据提交方或审核方派发的工单。

（五）数据质量评价与分析

1. 数据质量评价指标

为提升公共机构能效服务数据质量，公司设定能效服务数据合格率指标，指导各单位全面有效提升数据质量。

指标定义：在规定的时间内报送的及时、准确数据信息量，占应报送数据信息总量的比例。

计算方法：数据合格率＝（1－未在规定时间准确、及时、规范报送的数据量/应报送数据信息总量）×100%。

2. 数据质量分析

数据质量分析是数据质量的统计与展现、分析质量问题及原因、确定改进方向及措施的主要方式。

公司建立周、月、季、年定期分析机制，编制数据质量分析模板，成立数据质量分析团队，开展常态、专题分析。

（1）常态数据质量分析。围绕数据质量管理业务目标，通过数据量变化情况、数量质量变化趋势、问题数据处理情况，分析问题原因，提出改进建议。原因不确定的，开展数据质量提升访谈，确定问题关键因素，关注并分析问题的持续改进情况。

（2）专题数据质量分析。以特定业务或事件为主体，应用数据状态、变更轨迹、任务执行过程等信息，深入分析数据质量问题原因与解决办法，或分析界定数据质量责任与解决办法，对解决问题提出针对性建议。

（3）数据质量管理分析。对数据本身、告警/预警/问题工单，从能效服务数据类别、业务类别、数据处理环节、数据来源、责任单位、时间等方面开展多维度分析。

二、工作成效

国家电网公司发布《公共机构现场能效服务集成规范》《公共机构现场能效服务数据校验规则》，提出公共机构校验规则 103 项，其中，有效性校验规则 77 项，准确性校验规则 23 项，整体逻辑校验规则 3 项。依托国网数据中台对校验规则进行部署，动态开展数据核查，组织各省公司开展数据治理，针对能源消费总量、总建筑面积、用能总人数、单位建筑面积能耗（电耗）、人均能耗（电耗）进行多维分析比较，为开展超能耗定额公共机构提供数据支撑保障。依据国家标准，针对空调机组等典型设备开展能效限定值及能效等级数据治理分析，持续优化分析数据校验规则上下限值，确保数据校验规则科学合理有效。经过数据治理，数据完成度整体提升 20%，有力支撑公共机构能耗数据分析与应用。

第五章

典 型 案 例

本章遴选省公司在政企合作、平台建设、能效诊断、能源托管等方面的典型案例，旨在国家电网公司系统内树立标杆典范，推动公共机构能效服务高质量发展。

第一节 政企合作典型案例

【案例 5-1】国网江苏电力"一协议、三方案"政企合作体系

本节以国网江苏电力"公共机构能效提升合作体系"为典型案例，介绍公共机构能效服务政企合作先进经验。

2020 年，国网江苏电力实施公共建筑能效提升工程，抓住江苏省政府建设节约型机关契机，与江苏省机关事务管理局共同建立"一协议、三方案"合作体系。"一协议"即《公共机构能效提升合作框架协议》（以下简称"框架协议"），"三方案"即依托框架协议拓展的《公共机构助力江苏率先实现"碳达峰、碳中和"目标行动方案》《江苏省级机关能效提升行动方案》《江苏省公共机构节能一张网建设行动方案》。

（一）公共机构助力江苏率先实现"碳达峰、碳中和"目标行动方案

该方案以绿色低碳发展为路径，以推进节约型公共机构建设为主线，践行节能新理念，倡导低碳新生活，扎实推动全省公共机构能源资源节约和生态环境保护工作高质量发展，助力"碳达峰、碳中和"目标落地。该方案包括指导思想、工作思路及目标、工作内容、实施方案等 4 部分内容。

1. 工作内容

该方案包括强化节能减碳政策引领、构建清洁低碳用能结构、推广参与碳交易市场及深入开展宣传培训等4方面工作内容。

（1）强化节能减碳政策引领。确立分类型分阶段能耗和碳排放定额，编制公共机构碳达峰、碳中和技术导则。编制公共机构碳排放核算指南，组织开展公共机构碳排放量统计。推动公共机构节约能源资源管理信息系统规划、建设、运行等流程标准化，为碳排放核算、碳交易参与、碳积分兑换及奖惩机制提供支撑。

（2）构建清洁低碳用能结构。大力实施节能改造，广泛应用绿色低碳、先进高效的新能源、新技术、新产品，开展绿色建筑创建行动，实施中央空调、数据中心、电气化系统节能改造；推动分布式清洁能源发展，加大公共机构可再生能源和热泵、高效储能技术推广力度，提高可再生能源消费比重；深化终端用能电气化，开展绿色食堂建设，因地制宜利用热泵、电锅炉等技术满足采暖和生活热水供应需求，推广应用新能源汽车、加强充电基础设施建设、完善智能充电服务网络。

（3）推广参与碳交易市场。积极参与电力市场辅助服务，开展公共机构参与电力市场交易研究，探索通过市场化方式构建合理的资金募集、收益分配及结算机制；强化公共机构需求响应能力建设，挖掘楼宇空调、充电站、储能等优质可调资源潜力，开展网荷互动，促进新能源消纳。构建公共机构全流程的碳资产综合管理机制，开展碳盘查、管理配额及减排量交易；加强碳减排方法研究，拓展碳排放核查业务和绿证交易业务，推动公共机构参与碳排放市场交易，探索建立公共机构碳排放管理体系。

（4）深入开展宣传培训。树立绿色低碳消费理念，面向社会公众，借助电视、广播、报刊等传统媒体和门户网站、微信公众号等新媒体，展示公共机构节能工作成效、传播"双碳"理念、宣贯工作目标任务；面向公共机构大力推广能效服务典型案例和示范工程，倡导简约适度、绿色低碳的工作方式，营造节约用能的良好氛围；创新宣传形式，组织开展公共机构节能宣传周等系列主题宣传活动。深入开展业务人员培训，围绕新技术、新服务、新产品、新模式、新应用、新问题制定培训方案，常态化开展公共机构、重点用能单位以及各级公共机构节能主管部门业务与技能培训，进一步加强公共机构节能管理人才队伍建设。

2. 实施方案

该方案从示范建设和全面推广两个阶段，构建了公共机构率先助力江苏实现"碳达峰、碳中和"实施方案。

（1）示范建设阶段。创建省级公共机构节能低碳示范单位，推动市级以上党政机关建成节约型机关。加大市场化模式运用，推动公共机构实施合同能源管理、合同节水管理，试点开展绿色低碳、先进适用的新能源、新技术、新产品推广应用，实现能耗达标及碳排放达标。开展公共机构节能"一张网"建设，推动节能制度标准、工作流程与信息化建设有效融合，加强公共机构能耗定额管理，制定能效评价体系，完善考核标准。

（2）全面推广阶段。全面推动全省县级及以上党政机关建成节约型机关，树立绿色低碳消费理念和绿色低碳生活方式。加大市场化模式运用力度，全面推动全省公共机构实施合同能源管理、合同节水管理。持续提高清洁用电比例，推动全省公共机构分布式光伏发电建设。全面推广应用新能源汽车，推动全省公共机构全部实现绿色出行。持续推进公共机构节能"一张网"建设，加快推动各地市公共机构能源资源数据接入，强化数据分析应用能力，利用大数据、云计算、区块链、人工智能等技术推进智慧节能。

（二）江苏省级机关能效提升行动方案

该方案积极发挥市场机制作用，引导社会资本投入省级机关开展节能改造，推进省级机关建筑综合能效提升，发挥省级机关在全省公共机构中的示范引领作用，助力全省公共机构率先实现"碳达峰"。该方案包括指导思想、主要目标、工作内容、实施方案、责任分工等5部分内容，下面主要介绍工作内容与实施方案这两部分。

1. 工作内容

该方案主要工作内容如下。

（1）开发运用省级机关节能管理平台，进一步强化省级机关建筑能源分类、分项计量系统建设夯实能耗基础信息。

（2）推动市场化机制运用，积极推广合同能源管理、合同节水管理等方式开展节能节水改造。

（3）探索省级机关用能集中统一管理方式，积极参与市场化售电、碳排放交易。

2. 实施方案

按照"政府引导、市场运作、统筹规划、分类实施"原则，由省机关事务管理局牵头，会同各相关部门共同推进省级机关能效提升工作，包括潜力挖掘阶段、组织实施阶段及总结推广阶段。

（1）潜力挖掘阶段。省机关事务管理局会同省电力公司，通过集中座谈、单独走访两种方式，在省级机关开展建筑能耗统计及分析工作，对照《公共机构集中办公区能耗定额和计算方法》《公共机构能耗定额及计算方法》，重点梳理单位建筑面积/人均建筑能耗在约束值、基准值以上单位清单，开展能源审计，挖掘节能潜力。

（2）组织实施阶段。对纳入清单的省级机关，召开业主单位与合同能源企业供需双方集体见面会，积极推动省级机关采用合同能源管理模式实施能效提升方案。

（3）总结推广阶段。总结省级机关各单位工作开展情况，形成典型经验与标准化操作流程，为全省公共机构施能效提升和科学管理奠定基础。

3. 责任分工

江苏省机关事务管理局从宏观上推进省级机关各单位开展能效提升工作，通过分析各单位能耗数据，确定能效提升工程单位清单。积极引导各单位采取合同能源管理模式实施能效提升工程，协助各单位测算能效提升工程的效果，逐年测算各单位的能耗水平。国网江苏电力发挥能源央企技术优势及能源管理经验，积极为省级机关各单位提供能效提升方案，参与省级机关能效提升工程全过程，努力打造公共机构能效提升样板工程，推动示范项目建成落地。

（三）江苏省公共机构节能一张网建设行动方案

该方案充分利用"互联网＋"模式，利用大数据、云计算、区块链、人工智能等技术，推进公共机构能效管理信息化建设，推进全省公共机构节能"一张网"，推动节能制度标准、工作流程与信息化建设有效融合，实现各地区各部门信息平台互联互通、业务数据共享共用，高效推动公共机构节约能源资源工作。该方案包括指导思想、主要目标、工作内容、实施方案、责任分工等5部分内容。下面主要介绍工作内容与责任分工这两部分。

1. 工作内容

主要包括搭建用能管理网络、深化多能数据感知和打造节能服务生态等3方面。

（1）搭建用能管理网络。省机关事务管理局基于"一张网"建立全省公共机构建筑网格化管理体系，覆盖省、市、区县（乡镇），快速构建适用于机关、医院、学校、体育场馆不同建筑特征的应用。

（2）深化多能数据感知。依托多方能源数据的采集渠道和物联采控技术，建立具备实时监控功能和多种用能数据分析功能，系统将实现公共机构电、水、冷、热、气等数据全覆盖。实施合同能源管理的公共机构可借助平台数据接口，丰富感知能力，将分层分项分户计量、环境温湿度、管道压力值、主机运行频率等数据全面接入系统。

（3）打造节能服务生态。

1）依托"一张网"实现信息互通互融，建设信息流动体系，推进数据分析、能源审计、节能咨询、综合改造、能效发布公示等节能信息化管理，并开放标准接口支持住建厅、能源局、能源公司等各类渠道提供能耗数据。

2）充分发挥市场运营活力，挖掘能效数据潜在价值，以公共机构示范带动新技术、新模式、新应用，推进公共机构节能技改项目落地，建设公共机构节能生态圈。

2. 责任分工

省机关事务管理局作为需求方，提出基于公共机构节能"一张网"开展省、市两级管理工作的需求，指导科技、教育、文化、卫生、体育等系统主管部门推进本系统公共机构节能"一张网"建设工作。做好采用合同能源管理模式实施的公共机构建设"一张网"所需要的硬件设施采购指导工作。

国网江苏电力作为实施方，负责公共机构"一张网"建设的软件开发和日常运维工作，协助采用合同能源管理模式的公共机构做好硬件设施的采购工作。

第二节 平台建设典型案例

【案例 5-2】国网山东电力平台建设

（一）总体架构

1. 平台应用

国网山东电力依照国家电网公司标准设计，结合属地个性化需求，建设以省级智慧能源服务平台作为核心运算与数据存储的业务主系统，贯通营销 2.0 系统、"绿色国网"和"i 国网"，实现数据收集、智慧能效诊断、任务闭环管控等服务。

2. 移动应用

通过"绿色国网"和"i 国网"打造省级平台移动应用，实现信息收集、报告推送、客户评价等功能。

网页（Web）端主要服务于省（市、县）营销部、营销服务中心等业务管理角色；移动端服务于诊断调研工作实施主体（公共机构客户和一线客户经理）。

（二）能效服务功能开发

国网山东电力遵从国家电网公司技术路线要求，以省级智慧能源服务平台作为开展能效诊断服务业务运作的核心支撑系统，以"绿色国网"和"i 国网"作为能效服务的互联网入口。

"绿色国网"为公共机构客户能效数据收集、能效诊断报告阅览、诊断结果评价等提供数字化支撑；"i 国网"为客户经理现场能效服务信息补录、能效诊断报告解读、客户评价反馈等工作提供信息化支撑。

（三）工作安排

按照"基础功能优先上线、个性化功能迭代优化"的建设思路，国网山东电力于2023 年 5 月完成能效服务功能开发与安全测试，6 月统一上线试运行，7 月完成与"绿色国网"和"i 国网"联调测试。

（四）个性化功能设计

平台能效服务功能建设在国网标准化建设成果基础上，结合国网山东电力业务开展实际，增加个性化创新功能。

1. 支持自主增加任务

支持地市公司在省侧下发年度能效诊断任务范围外，增加自主筛选能效诊断客户申请流程。自主增加任务页面如图 5-1 所示，由营销服务中心审核通过后，地市公司可在原有任务基础上，对其他有意愿客户进行能效信息收集和能效诊断，有利于扩大能效服务影响力，推动能效服务顺利开展。

图 5-1　自主增加任务页面

2. 优化客户标签画像

在目前 5 类客户标签基础上，增加标签管理和标签辨识功能，支持客户经理在开展能效服务工作中增加自定义标签，并根据现场基本情况对用户行为、能效跟踪情况，为客户贴标签，与潜力客户管理联动，支持筛选相关潜力客户，为后续拓展能效服务业务做好数据支撑。客户标签画像页面如图 5-2 所示。

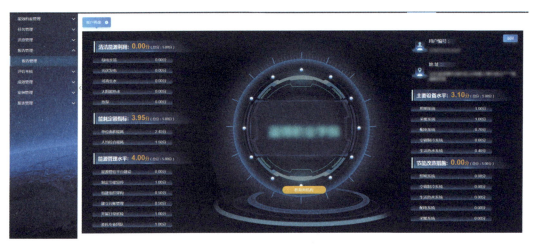

图 5-2　客户标签画像页面

3. 增加完成任务对标

在能效诊断报告中增加各项指标省内排名、同行业排名和同比排名等对标情况，当全部完成年度诊断任务后，可在诊断报告中直观展示客户能效所处水平，有利于激发客户能效改造积极性，促进能效改造工作开展。成效对标管理页面如图 5-3 所示。

图 5-3　成效对标管理页面

【案例5-3】国网江苏电力平台建设

（一）能效服务功能开发

国网江苏电力开展能效服务"1库+3功能+4信息表"平台核心功能建设，贯通公共机构能效一张网、营销2.0平台数据，构建客户分级管理、智慧能效诊断功能、任务闭环管控三大功能，实现智能诊断结果与"绿色国网"平台交互，如图5-4所示。

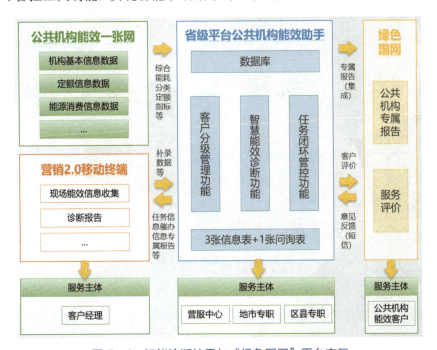

图5-4　智能诊断结果与"绿色国网"平台交互

1. 客户分级管理功能

以信息互通模块、能耗定额分析模块、优先级筛选模块为基础，通过整合公共机构能效一张网和营销2.0系统客户数据，依照《江苏省公共机构能耗定额及计算方法》（DB32T 4001—2021），对不同建筑进行定额类型分类❶，实现公共机构潜力、规模、体量预分级。

（1）线上信息互通模块。作为数据收集载体，接收公共机构能效一张网、营销2.0

---

❶《江苏省公共机构能耗定额及计算方法》（ DB32T 4001—2021）建筑定额类型分类主要包括集中办公区、独立办公区、教育类机构、医疗卫生机构、文化场馆类公共机构、体育馆机构，共计7类。指标要求主要包括单位面积能耗指标、人均能耗指标两种指标类型。评判条件主要为引导值、基准值、约束值。

现有数据●。

（2）能耗定额分析模块。通过信息互通模块整合客户基础信息并开展数据分析，依照不同建筑定额类型的指标要求进行对标计算，实现能耗定额即时诊断分析。公共机构客户画像如图 5-5 所示。

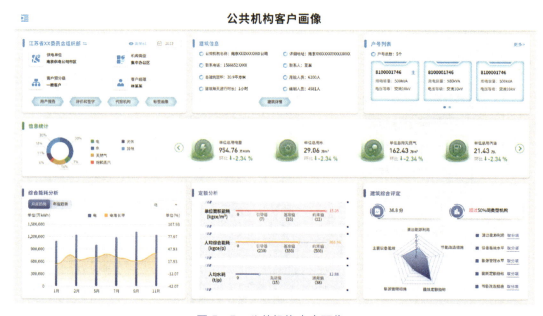

图 5-5　公共机构客户画像

（3）优先级筛选模块。接收能耗定额分析结果，对不同定额类型客户的指标要求进行评判对标。模块以客户总用能基准、建筑面积作为判断条件，重点筛查建筑定额指标大于约束值的目标客户，将目标客户按固定比例划分为 3 类。客户预分级如图 5-6 所示。

2. 智慧能效诊断功能

依托"四表五模块❷"对建筑综合能效开展多维分析诊断，形成包含五维雷达图、重点用能设备系统评价、能效管理水平评估及建议、典型案例推送等内容的专业能效分析诊断看板，生成客户专属报告。

（1）重点用能系统分析模块。依据节能问询表及数据收集表反馈结果，自动生成用能系统诊断结论。

---

❶ 公共机构一张网数据包括公共机构档案信息、建筑能耗数据信息以及能耗定额分析数据等，营销 2.0 数据包括用电客户月电量电费信息和用电客户营销档案信息。

❷ "四表五模块"：建筑信息集表、建筑主要用能设备信息表、建筑能耗信息表、建筑节能问询表，结合能源管理分析模块、重点用能系统分析模块、综合能效分析模块、典型方案推送模块、专属报告生成模块。

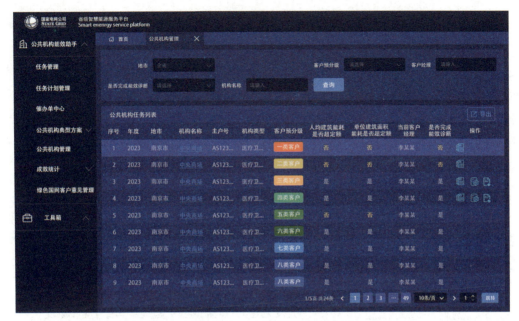

图5-6　客户预分级

（2）能源管理分析模块。依据信息调研表自动生成能源管理水平评估结果，针对客户能效提升管理潜力提出合理化建议。

（3）综合能效分析模块。参照清洁能源利用、主要设备能效、能源管理措施、能效定额指标、节能改造措施等多维度评定生成5维雷达图，如图5-7所示。

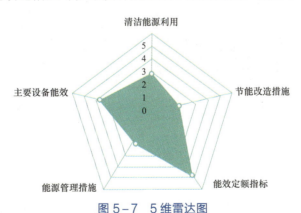

图5-7　5维雷达图

1）清洁能源利用评定。依据建筑内太阳能光伏应用、地/水/空气源热泵应用、风能应用、太阳能热水、可再生水等综合应用作为评定依据。

2）主要设备能效评定。依据建筑内主要用能设备能效标志等级为一、二、三级的数量及占比统计作为评定依据。

3）能源管理措施评定。依据客户管理水平，从管理团队组织架构、设备台账管理、专业设备维护、日常点检巡视、节能宣传等方面进行综合评定。

4）能效定额指标评定。依据客户单位面积能耗指标、人均能耗指标定额数值分析结果，对能耗定额指标进行分级打分评定。

5）节能改造措施评定。依据建筑内主要用能系统及设备近几年采取的节能措施和技术改造项目数量作为评定依据。

（4）典型方案推送模块。结合重点用能分析模块诊断评价结果，匹配与目标客户潜力吻合的典型案例，在专属报告中展示推送。

（5）专属报告生成模块。整合建筑基本情况、能源管理平台建设情况、重点用能设备节能潜力、能源管理水平等多维信息，以"诊断结果＋提升方案＋典型案例"形式生成客户专属报告。能效诊断报告样册如图5-8所示。

图5-8 能效诊断报告样册

3. 任务闭环管控功能

依托任务进度管理模块、流程指标管控模块、客户评价管理模块，通过任务线上管控和流转，保障公共机构诊断流程规范性。

（1）任务进度管理模块。通过任务计划下发和催办单闭环管理，实现任务实时跟踪考核。

（2）流程指标管控模块。为客户经理精准分配工作任务，以移动作业终端为载体实现流程指标全环节管控，如图 5-9 所示。

（3）客户评价管理模块。通过开展服务评价，增强客户经理与客户线上互动。

（二）工作安排

为实现公共机构能效诊断工作全流程可视跟踪、闭环管控、标准作业，国网江苏电力将公共机构能效诊断平台试点建设计划划分 3 个阶段实施。工作安排计划见表 5-1。

图 5-9　流程指标管控（催办中心→详情）

表 5-1　　　　　　　　　工 作 安 排 计 划 表

序号	阶段	任务	文件	责任单位	开始时间	结束时间
1	系统开发阶段	业务模型设计	公共机构能效诊断平台建设方案	国网江苏电力	2022 年 12 月 20 日	2023 年 1 月 7 日
2		功能设计	业务需求手册	国网江苏电力	2023 年 1 月 9 日	2023 年 1 月 20 日
3		省侧系统开发	—	国网江苏电力	2023 年 1 月 28 日	2023 年 2 月 18 日
4		绿色国网功能开发	—	绿色国网管控组	2023 年 2 月 6 日	2023 年 2 月 18 日
5		集成测试	集成测试报告	国网江苏电力	2023 年 2 月 20 日	2023 年 2 月 28 日
6		外网集成安全测试	安全测试报告	国网江苏电力	2023 年 3 月 1 日	2023 年 3 月 30 日
7	验证试点阶段	地方标准编制	地方标准草案	国网江苏电力	2023 年 2 月 1 日	2023 年 3 月 31 日
8		国网江苏电力试点应用	试点客户诊断报告	国网江苏电力	2023 年 3 月 1 日	2023 年 3 月 31 日

序号	阶段	任务	文件	责任单位	开始时间	结束时间
9		培训材料编制	公共机构能效诊断平台工作指导手册（含话术）培训 ppt 等	国网江苏电力、产业科研单位	2023 年 3 月 1 日	2023 年 3 月 31 日
10	应用推广阶段	平台全国网推广	公共机构能效诊断平台标设	产业科研单位	2023 年 4 月 1 日	2023 年 4 月 30 日
11		诊断业务全面推广	——	各网省公司	2023 年 5 月 1 日	2023 年 11 月 31 日

第一阶段：系统开发阶段。2023 年 2 月底前完成平台建设方案编制、业务需求手册编制、系统功能开发及集成测试。

第二阶段：验证试点阶段。2023 年 4 月底前完成试点验证及平台功能迭代优化，编制能效诊断平台工作指导手册。

第三阶段：应用推广阶段。协助国网营销部于 4 月底前完成平台标准化设计，服务各省公司推广应用，11 月底前完成 2 万家以上能耗超定额公共机构能效诊断。

第三节 能效诊断典型案例

【案例 5-4】山东省某县级市人民医院能效诊断案例

（一）基本概况

1. 诊断目的

国家电网公司积极落实国家全面节约战略，助力实现国家"碳达峰、碳中和"目标，向用户提供公益普惠的能效诊断服务，帮助用户系统性分析用能情况，提出节能举措建议，促进全社会能效水平提升。

2. 诊断依据

主要诊断依据包括《重点用能单位节能管理办法》（国家发展改革委等单位第 15 号令）和《民用建筑节能管理规定》（中华人民共和国建设部令第 143 号）。

3. 建筑基本信息

本次诊断的对象为山东省某人民医院，建筑类型为医疗机构建筑，总建筑面积 14

万 m^2，可利用屋顶面积 770m^2，地下车库面积 9600m^2，采暖/制冷面积 10 万 m^2，数据机房面积 400m^2；建筑投运年代 1998 年，用能人数 4300 人。

近 1 年建筑能源消耗情况：电 1091 万 kW·h，自来水 22 万 t，热力 147 万 GJ，天然气 140 万 m^3。

4. 建筑围护结构

该单位外墙材质为加气混凝土，门窗玻璃类型为中空玻璃和镀膜玻璃，窗框材料为铝合金。围护结构的保温、隔热及气密性是影响建筑能耗的因素之一，定期维护能够提高建筑内舒适性、降低能源消耗。

5. 能源审计周期

依据《公共机构能源审计管理暂行办法》（国家发展改革委、国管局第 31 号令），年能源消费量达 500tce 以上或年电力消耗 200 万 kW·h 以上或建筑面积 1 万 m^2 以上的公共机构或集中办公区每 5 年应开展一次能源审计，该单位近 5 年内未开展能源审计。

（二）能耗定额指标

该单位消耗的主要能源品种为电、市政供热、天然气、水，耗能工质为自来水。近 1 年建筑能源消耗折合标准煤 3706t，其中电折合标准煤 1342t、市政供热折合标准煤 501t、天然气折合标准煤 1862t，统计期电能折合标准煤量约占总能耗的 36%。购电方式为非市场化客户，无基本电费，无峰谷平电价。

该单位属于医疗机构，根据定额计算，单位面积能耗定额为 26.5kgce/m^2，低于基准值，人均能耗定额为 862kgce/人，高于基准值。

（三）能源管理措施

1. 主要能源管理措施：

（1）组织架构：组建了能源管理团队负责日常能源管理的组织、监督、检查和协调工作。

（2）台账管理：建立了详细的用能设备台账进行统一管理。

（3）专业团队：委托了专业团队对空调设备、动力设备等进行统一管理及维护保障。

（4）日常巡检：开展了对建筑内主要用能设备进行日常点检及能源消耗记录统计

工作。

（5）节能宣传：制定了日常用能行为管理，如张贴随手关闭灯具、空调、门窗，冬夏季空调温度设定等节能标志，开展了节能宣传活动。

（6）能源管理平台：建立了能源管理平台，加强日常运营监督。

2. 诊断分析。该单位能源管理意识先进，管理措施完善。

（四）主要设备水平

通过设备信息收集和现场节能问询诊断分析，该单位主要用能设备的运行情况分析如下。

1. 空调制冷系统

（1）基本情况。该单位空调制冷系统包含 2 台水冷式机组、144 台多联式空调和 842 台分体式空调。

（2）诊断分析。

1）根据现场调研及数据分析，该单位空调制冷系统的整体运营管理水平有待提升。

2）根据后台数据对比分析，该单位制冷系统的单位建筑冷量配置高于同类型建筑水平，整体设备工况完善。

（3）提升建议。

1）采用蓄冷设计，实现削峰填谷，降低成本。

2）更换高能效机组及辅助设备。开展高效磁悬浮机组改造，预计节能率约为 10%～30%，投资回报期 10 年左右。

3）水泵电机安装变频装置并进行用动调节。预计水泵节能率为 30%～40%，投资回报期 10 年左右。

2. 供暖系统

（1）基本情况：该单位照明系统主要设备类型为 LED 灯，合计数量约为 30000 盏。

（2）诊断分析：

1）根据现场诊断及数据分析，整体运营管理水平有待提升。

2）根据后台数据对比分析，该单位照明系统的 LED 灯具占有率低于同类型建筑水平，整体设备工况有待改善。

（3）提升建议：

1）高能效替换方面，采用高效 LED 照明灯具进行改造，预计节能率约为 30%～

50%，投资回报期 3 年左右。

2）管理节能方面，改造后加上人为管理，平均节能率达到 30%以上，投资回收期一般为 2～3 年。

3. 配电系统

（1）基本情况：该单位配电系统电压等级为 10kV，变压器为 SCB10 型号 3 台，S11－M 型号 3 台，总额定容量 3350kVA，最大需量 1340kW，最长设备投运年限为 7 年。该单位安装有普通新能源充电桩，未接入车联网平台，具备独立计量功能。

（2）诊断分析：通过现场调研及数据分析，配电系统的整体运营管理水平有待提升，整体设备工况有待改善。

（3）提升建议：建议按楼层、区域设立计量表具。

（五）清洁能源利用

1. 基本情况

清洁能源是实现"双碳"目标的重要措施之一，根据现场调研，该单位目前无清洁能源利用。

2. 诊断分析

通过现场调研及数据分析，整体清洁能源的利用水平较低。

3. 提升建议

建议该单位根据建筑特性及环境特征，加强光伏、太阳能热水等清洁能源的综合利用，从而实现建筑整体能效的大幅提升。

（六）节能改造措施

该单位一贯重视节能工作。近年来，积极采取了一些措施降低能耗，具体改造内容如下。

1. 空调制冷系统

增加主机智能化集中控制系统。

2. 配电系统改造方式

台区新增、扩容。

（七）建筑综合评定

根据建筑整体能效诊断情况，从能源管理措施、主要设备水平、清洁能源利用、能耗定额指标、节能改造措施 5 个维度进行综合评定，最终建筑综合能效水平评定得分为各维度分数之和。该单位综合得分为 43 分，具体如下。

1. 能源管理措施

该单位已委托专业团队、已开展日常巡检、已制定节能宣传、已组建组织架构、已建立台账管理、已建立能源管理平台。根据算法模型得分 20 分。

2. 主要设备水平

针对该单位空调制冷系统、照明系统、配电系统运营情况及设备现状进行评定。根据算法模型得分 11 分。

3. 清洁能源利用

该单位无清洁能源利用。根据算法模型不得分。

4. 能耗定额指标

该单位当前单位面积能耗定额为 26.5kgce/m²，低于基准值，人均能耗定额为 862kgce/人，高于基准值。根据算法模型得分 4 分。

5. 节能改造措施

该单位已实行空调制冷系统和配电系统节能改造措施。根据算法模型得分 8 分。

【案例 5-5】江苏省某县级机关能效诊断案例

（一）基本概况

1. 诊断目的

国家电网公司积极落实国家全面节约战略，助力实现国家"碳达峰、碳中和"目标，向用户提供公益普惠的能效诊断服务，帮助用户系统性分析用能情况，提升节能举措建议，促进全社会能效水平提升。

2. 诊断依据

主要诊断依据包括《重点用能单位节能管理办法》（国家发展改革委等单位第 15 号令）和《民用建筑节能管理规定》（中华人民共和国建设部令第 143 号）。

3. 建筑基本信息

本次诊断的对象为江苏省某人民法院，建筑类型为独立办公定额类型的县级机关建筑，总建筑面积 17553m²，无可利用屋面面积；建筑投运年代 2016 年，用能人数 380 人。运行时段为周一到周五，每天 8:30～17:00。

近 1 年建筑能源消耗情况：电 116 万 kW·h，自来水 6.3 万 t，天然气 4.3 万 m³。

4. 建筑围护结构

该单位外墙材质为加气混凝土，门窗玻璃类型为中空玻璃，窗框材料为铝合金。围护结构的保温、隔热及气密性是影响建筑能耗的因素之一，定期维护能够提高建筑内舒适性降低能源消耗。

5. 能源审计周期

依据《公共机构能源审计管理暂行办法》（国家发展改革委、国管局第31号令），年能源消费量达500tce以上或年电力消耗200万kW·h以上或建筑面积1万m²以上的公共机构或集中办公区每5年应开展一次能源审计，该单位近5年内未开展能源审计。

（二）能耗定额指标

该单位消耗的主要能源品种为电、天然气，耗能工质为自来水。近1年建筑能源消耗折合标准煤200t，其中电折合标准煤143t、天然气折合标准煤58t，统计期电能折合标准煤量约占总能耗的71%。购电方式为普通代理，有基本电费，无峰谷平电价。

该单位属于独立办公定额类型的县级机关，根据定额计算，单位面积能耗定额为11.4kgce/m²，高于约束值，人均能耗定额为529kgce/人，高于约束值。

1. 能源管理措施

（1）主要能源管理措施：

1）组织架构：组建了能源管理团队负责日常能源管理的组织、监督、检查和协调工作。

2）台账管理：建立了详细的用能设备台账进行统一管理。

3）专业团队：委托了专业团队对空调设备、动力设备等进行统一管理及维护保障。

4）日常巡检：开展了对建筑内主要用能设备进行日常点检及能源消耗记录统计工作。

5）节能宣传：未制定日常用能行为管理，如张贴随手关闭灯具、空调、门窗，冬夏季空调温度设定等节能标志，开展了节能宣传活动。

6）能源管理平台：在建筑用能管理方面，已建立能源管理平台，平台具备监测、分析功能。配电系统已经具备分项计量功能，但其他用能系统计量器具配备不全。

（2）诊断分析：该单位能源管理意识先进，但管理措施有待提升。

（3）提升建议：

1）建议加强管理团队建设，重点落实节能宣传方面的建设，持续推进日常管理制度和措施的执行。

2）建议持续优化能源管理平台的建设和应用，建立完善的能源计量管理体系，依托平台强大的数据统计和分析功能，为建筑整体能效诊断和提升提供支撑，提升建筑的精细化、科学化的管理水平。

3）建议采用合同能源管理的合作模式进一步促进能源管理水平的提升。

2. 主要设备水平

通过设备信息收集和现场节能问询诊断分析，该单位主要用能设备的运行情况分析如下。

（1）空调制冷系统：

1）基本情况：该单位空调制冷系统为集中式空调。主要设备类型为风冷式机组，合计 27 台，日常使用为 20 用 7 备，总额定功率 491kW，总制冷量为 1620kW。机组平均 COP 为 3.3，机组最长投运年限为 7 年。冷冻合计 8 台，日常使用为 4 用 4 备，总额定功率为 120kW，设备最长投运年限为 7 年。

2）诊断分析：

a. 根据现场调研及数据分析，该单位空调制冷系统的整体运营管理水平有待提升。

b. 根据后台数据对比分析，该单位主要用能设备存在能效低问题、智能化控制系统缺失，整体设备工况有待改善。

3）提升建议：

a. 运营管理方面：制定统一开关时间，规范操作要求。

b. 高能效替换方面：更换高能效机组及辅助设备，实施高效磁悬浮机组改造，预计节能率约为 10%～30%，投资回报期 10 年左右。

c. 技术改造方面：水泵电机安装变频装置并进行自动调节，预计水泵节能率约为 30%～40%，投资回报期 5 年左右；机组配置智能化控制手段，实现自动调温，自动加减载，预计实现机组节能率约为 5%～10%，投资回报期 5 年左右；采用蓄冷设计，实现削峰填谷、降低成本。

（2）供暖系统：

1）基本情况：该单位主要采用设备类供暖方式，采暖设备类型为空调热泵类，合计 27 台，日常使用为 20 用 7 备，总额定功率 521kW，总制热量为 1710kW。机组平均 COP 为 3.2，机组最长投运年限为 7 年。采暖泵合计 8 台，日常使用为 4 用 4 备，总额定功率为 120kW，设备最长投运年限为 7 年。

2）诊断分析：

a. 根据现场调研及数据分析，供暖系统的整体运营管理水平较高。

b. 根据后台数据对比分析，该单位供暖系统主要用能设备智能化控制系统缺失，整体设备工况完善。

3）提升建议：建议实施节能技术改造，增加智能化集中控制系统，预计实现系统节能率约为5%～10%，投资回报期5年左右。采用蓄热设计，实现削峰填谷、降低成本。

（3）照明系统：

1）基本情况：该单位照明系统主要设备类型包括LED灯、节能灯、普通荧光灯及其他类型照明设备，其中LED高效照明灯具占比为40%，非LED灯具占比为60%，合计照明数量为3974盏。

2）诊断分析：

a. 根据现场诊断及数据分析，整体运营管理水平较高。

b. 根据后台数据对比分析该单位照明系统的智能化控制系统缺失，整体设备工况有待改善。

3）提升建议：

a. 高能效替换方面：采用高效LED照明灯具进行改造，预计节能率约为30%～50%，投资回报期3年左右。

b. 技术改造方面：公共区域/楼道/地下室配置感应开关、亮度调节功能，预计节能率约为30%～50%，投资回报期3年左右；增加照明集中控制系统，预计实现系统节能率约为5%～10%，投资回报期5年左右。

（4）配电系统：

1）基本情况：该单位配电系统电压等级为10kV，变压器为S13型号2台，额定容量为3000kVA，最大需量为1200kW，最长设备投运年限为7年。已安装新能源充电桩，设备类型为普通充电桩，未接入车联网平台。

2）诊断分析：通过现场调研及数据分析，配电系统的整体运营管理水平较高，整体设备工况完善。

3）提升建议：建议按楼层、区域设立计量表具，并对车辆充电桩设备进行独立计量。

3. 清洁能源利用

（1）基本情况：清洁能源是实现"双碳"目标的重要措施之一，根据现场调研，该单位目前已利用的清洁能源主要为热泵，主要应用于供暖系统。

（2）诊断分析：通过现场调研及数据分析，整体清洁能源的利用水平有待提升。

（3）提升建议：建议该单位根据建筑特性及环境特征，加强光伏、太阳能热水、可再生水清洁能源的综合利用，从而实现建筑整体能效的大幅提升。

4. 节能改造措施

该单位一贯重视节能工作。近年来，积极采取了一些措施降低能耗，具体改造内容为照明系统改造方式：更换了 LED 照明灯具。

5. 建筑综合评定

根据建筑整体能效诊断情况，从能源管理措施、主要设备水平、清洁能源利用、能耗定额指标、节能改造措施 5 个维度进行综合评定，该单位综合得分为 40 分，具体如下。

（1）能源管理措施：该单位已组建组织架构、已委托专业团队、已建立台账管理、已开展日常巡检、未制定节能宣传。根据算法模型得分 16 分。

（2）主要设备水平：针对该单位空调制冷系统、供暖系统、照明系统、配电系统运营情况及设备现状进行评定。根据算法模型得分 8 分。

（3）清洁能源利用：该单位利用的清洁能源主要为热泵。根据算法模型得分 4 分。

（4）能耗定额指标：该单位当前单位面积能耗定额为 $11.4kgce/m^2$，超过约束值；人均能耗定额为 $529kgce/人$，超过约束值。根据算法模型得分 8 分。

（5）节能改造措施：该单位已实施节能改造项目涵盖照明系统。根据算法模型得分 4 分。

【案例 5-6】浙江省某县级学校能效诊断案例

（一）基本概况

1. 诊断目的

国家电网公司积极落实国家全面节约战略，助力实现国家"碳达峰、碳中和"，向用户提供公益普惠的能效诊断服务，帮助用户系统性分析用能情况，提出节能举措建议，促进全社会能效水平提升。

2. 诊断依据

主要诊断依据包括《重点用能单位节能管理办法》（国家发展改革委等单位第 15 号令）和《民用建筑节能管理规定》（中华人民共和国建设部令第 143 号）。

3. 建筑基本信息

本次诊断的对象为浙江省某初级中学，建筑类型为乡镇级教育类机构/小学及中学建筑，总建筑面积 2.9 万 m^2，可利用屋顶面积 $5759m^2$，地下车库面积 $1850m^2$，采暖/制冷面积 1.9 万 m^2，数据机房面积 $45m^2$；建筑投运年代 1993 年，用能人数 2100 人。

近 1 年建筑能源消耗情况：电 51 万 kW·h，自来水 8.4 万 t，天然气 2.7 万 m^3。

4. 建筑围护结构

该单位外墙材质为砖墙，门窗玻璃类型为单层玻璃，窗框材料为铝合金。围护结构的保温、隔热及气密性是影响建筑能耗的因素之一，定期维护能够提高建筑内舒适性降低能源消耗。

5. 能源审计周期

依据《公共机构能源审计管理暂行办法》（国家发展改革委、国管局第 31 号令），年能源消费量达 500tce 以上或年电力消耗 200 万 kW·h 以上或建筑面积 1 万 m² 以上的公共机构或集中办公区每 5 年应开展一次能源审计,该单位近 5 年内未开展能源审计。

（二）能耗定额指标

该单位消耗的主要能源品种为电、天然气、水，耗能工质为自来水。近 1 年建筑能源消耗折合标准煤 99t，其中电折合标准煤 63t、天然气折合标准煤 36t，统计期电能折合标准煤量约占总能耗的 64%。购电方式为非市场化客户，无基本电费，无峰谷平电价。

该单位属于教育类机构/小学及中学，根据定额计算，单位面积能耗定额为 3.4kgce/m³，低于约束值，人均能耗定额为 47kgce/人，低于约束值。

（三）能源管理措施

（1）主要能源管理措施。

1）组织架构：未组建能源管理团队负责日常能源管理的组织、监督、检查和协调工作。

2）台账管理：未建立详细的用能设备台账进行统一管理。

3）专业团队：委托了专业团队对空调设备、动力设备等进行统一管理及维护保障。

4）日常巡检:开展了对建筑内主要用能设备进行日常点检及能源消耗记录统计工作。

5）节能宣传：未制定日常用能行为管理，如张贴随手关闭灯具、空调、门窗，冬夏季空调温度设定等节能标志，开展节能宣传活动。

6）能源管理平台：在建筑用能管理方面，未建立能源管理平台。配电系统未具备分项计量功能，用能系统计量器具配备不全。

（2）诊断分析：该单位能源管理意识先进，但管理措施有所欠缺。

（3）提升建议：

1）建议加强管理团队建设，重点落实组织架构、台账管理方面的建设，持续推进日常管理制度和措施的执行。

2）建议加强能源管理平台的建设和应用，建立完善的能源计量管理体系，依托平台强大的数据统计和分析功能，为建筑整体能效诊断和提升提供支撑，提升建筑的精细化、科学化的管理水平。

（四）主要设备水平

通过设备信息收集和现场节能问询诊断分析，该单位主要用能设备的运行情况分析如下。

（1）空调制冷系统：

1）基本情况：该单位空调制冷系统为分体式空调，合计 153 台。

2）诊断分析：

a. 根据现场调研及数据分析，该单位空调制冷系统的整体运营管理水平有待提升。

b. 根据后台数据对比分析，该单位制冷系统的单位建筑冷量配置高于同类型建筑水平，智能化控制系统缺失，整体设备工况完善。

（2）照明系统：

1）基本情况：该单位照明系统主要设备类型包括白炽灯和普通荧光灯，其中白炽灯占比为 70%，普通荧光灯占比为 30%，合计照明数量为 389 盏。

2）诊断分析：

a. 根据现场诊断及数据分析，整体运营管理水平有待提升。

b. 根据后台数据对比分析该单位照明系统的 LED 灯具占有率低于同类型建筑水平，智能化控制系统缺失，整体设备工况有待改善。

3）提升建议：

a. 高能效替换方面。采用高效 LED 照明灯具进行改造，预计节能率约为 30%～50%，投资回报期 3 年左右。

b. 技术改造方面。公共区域/楼道/地下室配置感应开关、亮度调节功能，预计节能率约为 30%～50%，投资回报期 3 年左右；增加照明集中控制系统，预计实现系统节能率约为 5%～10%，投资回报期 5 年左右。

c. 管理节能方面。改造后加上人为管理，平均节能率达到 30% 以上，投资回收期一般为 2～3 年。

（3）配电系统：

1）基本情况：该单位配电系统电压等级为 10kV，变压器为 SCB10 型号 1 台，S11－M 型号 1 台。其中 SCB10 型号额定容量为 800kVA，最大需量为 320kW，最长设备投运年限为 20 年。S11－M 型号额定容量 315kVA，最大需量 126kW，最长设备投运年限为 20 年。该单位未安装新能源充电桩，未接入车联网平台。

2）诊断分析：通过现场调研及数据分析，配电系统的整体运营管理水平有待提升，整体设备工况有待改善。

3）提升建议：建议按楼层、区域设立计量表具，并对车辆充电桩设备进行独立计量。

（五）清洁能源利用

（1）基本情况：清洁能源是实现"双碳"目标的重要措施之一，根据现场调研，该单位目前暂无清洁能源利用。

（2）诊断分析：通过现场调研及数据分析，整体清洁能源的利用水平较低。

（3）提升建议：建议该单位根据建筑特性及环境特征，加强光伏、太阳能热水、可再生水清洁能源的综合利用，从而实现建筑整体能效的大幅提升。

（六）节能改造措施

该单位尚未重视节能工作。近年来，未实行节能改造措施。

（七）建筑综合评定

根据建筑整体能效诊断情况，从能源管理措施、主要设备水平、清洁能源利用、能耗定额指标、节能改造措施 5 个维度进行综合评定，各维度满分 5 分，最终建筑综合能效水平评定得分为各维度分数之和。该单位综合能效水平得分为 41 分，具体如下。

（1）能源管理措施：该单位已委托专业团队、已开展日常巡检、已制定节能宣传、未组建组织架构、未建立台账管理、未建立能源管理平台。根据算法模型得分 15 分。

（2）主要设备水平：针对该单位空调制冷系统、照明系统、配电系统运营情况及设备现状进行评定。根据算法模型得分 1 分。

（3）清洁能源利用：该单位无清洁能源利用。根据算法模型得分 0 分。

（4）能耗定额指标：该单位当前单位面积能耗定额为 3.4kgce/m^3，低于约束值；人均能耗定额为 47kgce/人，低于约束值。根据算法模型得分 20 分。

（5）节能改造措施：该单位未实行节能改造措施。根据算法模型得分 5 分。

【案例 5-7】湖南省某地市医院能效诊断案例

（一）基本概况

1. 诊断目的

国家电网公司积极落实国家全面节约战略，助力实现国家"碳达峰、碳中和"目标，向用户提供公益普惠的能效诊断服务，帮助用户系统性分析用能情况，提出节能举措建议，促进全社会能效水平提升。

2. 诊断依据

主要诊断依据包括《重点用能单位节能管理办法》（国家发展改革委等单位第 15 号令）和《民用建筑节能管理规定》（中华人民共和国建设部令第 143 号）和《医疗机构能耗定额》（DB43/T 612—2021）等。

3. 建筑基本信息

本次诊断的对象为湖南省某地市人民医院，建筑类型为三级医院，总建筑面积约 20 万 m^2，可利用屋面面积约 1.5 万 m^2；地下车库面积约 1.8 万 m^2，采暖/制冷面积约 13.7 万 m^2；建筑投运年代 2020 年，用能人数约 7255 人。建筑全年 365 天，每天 24h 运行。

近 1 年建筑能源消耗情况：电 1921 万 kW·h，燃气 5172m^3，自来水 31 万 t。

4. 建筑围护结构

该单位外墙材质为砖墙，门窗玻璃类型为中空玻璃，窗框材料为铝合金。围护结构的保温、隔热及气密性是影响建筑能耗的因素之一，定期维护能够提高建筑内舒适性，降低能源消耗。

5. 能源审计周期

依据《公共机构能源审计管理暂行办法》（国家发展改革委、国管局第 31 号令），年能源消费量达 500tce 以上或年电力消耗 200 万 kW·h 以上或建筑面积 1 万 m^2 以上的公共机构或集中办公区每 5 年应开展一次能源审计，该单位近 5 年内未开展能源审计。

（二）能耗定额指标

该单位消耗的主要能源品种为电、燃气、水。近 1 年建筑能源消耗折合标准煤 6238t，其中电折合标准煤 5550t，统计期电能折合标准煤量约占总能耗的 89%。购电方式为普通代理，无基本电费，享受峰谷平电价。

该单位属于三级医院，根据定额计算，单位建筑面积能耗为 31.2kgce/m^2，高于约束值 21kgce/m^2；人均综合能耗 860kgce/人，高于约束值 369kgce/人。

（三）能源管理措施

（1）主要能源管理措施：

1）组织架构：组建了能源管理团队负责日常能源管理的组织、监督、检查和协调工作。

2）台账管理：未建立详细的用能设备台账进行统一管理。

3）专业团队：委托了专业团队对空调设备、动力设备等进行统一管理及维护保障。

4）日常巡检：对建筑内主要用能设备开展了日常点检及能源消耗记录统计工作。

5）节能宣传：制定了日常用能行为管理，如张贴随手关闭灯具、空调、门窗，冬夏季空调温度设定等节能标志，开展节能宣传活动。

6）能源管理平台：该单位尚未建立能源管理平台。仅有配电系统具备分项计量功能，用能系统计量器具配备不全。

（2）诊断分析：该单位能源管理意识先进，但管理措施有所欠缺。

（3）提升建议：

1）建议加强管理团队建设，持续推进日常管理制度和措施的执行。

2）建议加强能源管理平台的建设和应用，建立完善的能源计量管理体系，依托平台强大的数据统计和分析功能，为建筑整体能效诊断和提升提供支撑，提升建筑的精细化、科学化的管理水平。

3）建议采用合同能源管理的合作模式，进一步促进能源管理水平的提升。

（四）主要设备水平

通过设备信息收集和现场节能问询诊断分析，该单位主要用能设备的运行情况分析如下。

（1）空调制冷系统：

1）基本情况：该单位空调制冷系统为集中式空调＋多联机＋分体式空调。其中，集中式空调设备类型为水冷式机组，合计 5 台，日常使用为 4 用 1 备，总额定功率 2850kW，总制冷量为 16903kW。机组平均 COP 为 6，机组最长投运年限为 3 年。冷冻泵和冷却泵分别 4 台，日常使用为 3 用 1 备，总额定功率为 880kW，设备最长投运年限为 3 年。冷却塔 7 台，总额定功率 98kW。多联式空调 2 台，总功率为 60kW，总额定制冷量 180kW，机组平均 COP 为 3，设备最长投运年限为 3 年，集中式空调系统设备见表 5－2。除此之外，医院还安装有分体式空调 40 台。

表 5－2　　　　　　　　　　　集中式空调系统设备

集中式空调机组类型	额定功率/kW	额定制冷量/kW	数量/台	使用/备用情况	设备投入年份
水冷式机组	774	4571	3	2 用 1 备	2020
	341	2110	1	1 用 0 备	2020
	187	1080	1	1 用 0 备	2020

续表

集中式空调机组类型	额定功率/kW	额定制冷量/kW	数量/台	使用/备用情况	设备投入年份
冷冻泵	110	—	4	3用1备	2020
冷却泵	110	—	4	3用1备	2020
冷却塔	15	—	6	6用0备	2020
	7.5	—	1	1用0备	2020

2）诊断分析：

a. 通过现场调研及数据分析，该单位空调制冷系统的整体运营管理水平较高。

b. 通过后台数据对比分析，该单位制冷系统的单位建筑冷量配置低于同类型建筑水平，制冷机组均为变频机组，输送泵组也配置了变频装置进行自动调节，整体设备工况较为完善。

3）提升建议：

a. 针对集中式空调系统：① 运营管理方面，建议医院继续保持对空调设备的日常巡检、定期维护，确保机组运行状态良好；② 技术改造方面，建议医院搭建智能化制冷控制系统，提升系统运行能效水平；③ 可因地制宜采用蓄冷设计，实现削峰填谷、降低成本。

b. 针对多联式空调系统和分体式空调，建议增加智能控制系统，配置集中开关、设定温度等功能，预计实现系统节能率约5%～10%，投资回报期5年左右。

（2）供暖系统：

1）基本情况：该单位主要采用燃气锅炉供热方式集中供暖。燃气锅炉合计3台，单台额定制热量3500kW，额定耗气量385Nm³/h；总制热量10500kW。机组最长投运年限为3年。采暖泵合计3台，日常使用为2用1备，总额定功率为111kW，设备最长投运年限为3年。供暖系统设备见表5-3。

表5-3　　　　　　　　供暖系统设备

采暖设备类型	额定耗气量/（Nm³/h）	额定功率/kW	额定制热量/kW	数量/台	使用/备用情况	设备投入年份
燃气锅炉	385	—	3500	3	2用1备	2020年
采暖泵	—	37	—	3	2用1备	2020年

2）诊断分析：

a. 通过现场调研及数据分析，供暖系统的整体运营管理水平较高。

b. 通过后台数据对比分析，该单位供暖系统的单位建筑热量配置低于同类型建筑水平，主要用能设备智能化控制系统缺失，整体设备工况完善。

3）提升建议：

a. 实施节能技术改造，增加智能化集中控制系统，预计实现系统节能率约为 5%～10%，投资回报期 5 年左右。

b. 设计烟气/冷凝水余热再回收利用，预计节能率约为 5%～10%，投资回报期 5 年左右。

（3）照明系统：

1）基本情况：该单位照明系统设备均为 LED 灯，LED 高效照明灯具占比为 100%，合计照明数量约 8000 盏。

2）诊断分析：根据现场诊断及数据分析，医院 LED 灯具占有率高于同类型建筑水平，照明设备能效较高；但医院公共区域/楼道/地下室未配置感应开关、亮度调节功能；照明集中控制系统缺失，整体运营管理水平还有待提升。

3）提升建议：

a. 建议医院在公共区域/楼道/地下室配置感应开关、亮度调节功能，预计节能率约为 30%～50%，投资回报期 3 年左右。

b. 增加照明集中控制系统，预计实现系统节能率约为 5%～10%，投资回报期 5 年左右。

（4）配电系统：

1）基本情况：该单位配电系统电压等级为 10kV，变压器为 S13 型号 13 台，总额定容量为 25900kVA，最大需量为 7628kW，最长设备投运年限为 3 年。未安装新能源充电桩。

2）诊断分析：通过现场调研及数据分析，配电系统的整体运营管理水平较高，但医院餐厅仍使用燃气灶，电气化水平较低，整体设备工况有待改善。

3）提升建议：建议在各楼层、各区域增设分项计量表计，实现用能精细化管理；另外，建议医院可因地制宜开展全电厨房改造，降低医院综合能耗和碳排放。

（5）生活热水系统：

1）基本情况：该单位生活热水采用空气源热泵集中供应，医院日用热水量约 678t，设定水温 55℃。用水高峰期时温度可满足供应要求，空气源热泵也按照保养要求进行了定期维护、清洗。

2）诊断分析：通过现场诊断及数据分析生活热水系统的整体运营管理水平较高，

但生活热水系统的主要用能设备存在智能化控制系统缺失，整体工况有待改善。

3）提升建议：建议增加热水系统智能化控制系统实现自适应加热，预计实现系统节能率约为5%～10%，投资回报期5年左右；同时，因地制宜考虑蓄热设计，实现削峰填谷、降低成本。

（五）清洁能源利用

（1）基本情况：清洁能源是实现"双碳"目标的重要措施之一，根据现场调研，该单位目前已利用的清洁能源主要为空气源热泵，主要应用于生活热水系统。

（2）诊断分析：通过现场调研及数据分析，整体清洁能源的利用水平有待提升。

（3）提升建议：建议该单位根据建筑特性及环境特征，加强光伏、可再生水等清洁能源的综合利用，从而实现建筑整体能效的大幅提升。

（六）节能改造措施

该单位一贯重视节能工作。由于医院为新院区，在建设时，已经积极采取了一些措施降低能耗，具体改造内容如下。

（1）空调制冷系统：采用高效制冷机组和水泵变频调节。

（2）照明系统改造方式：全部采用LED高效节能灯具。

（3）配电系统改造方式：均采用能效最高的S13系列变压器。

（七）建筑综合评定

根据建筑整体能效诊断情况，从能源管理措施、主要设备水平、清洁能源利用、能耗定额指标、节能改造措施5个维度进行综合评定。该单位综合得分为52分，具体如下。

（1）能源管理措施：该单位已组建组织架构、已委托专业团队、已制定节能宣传、未建立详细台账管理、已开展日常巡检、未建立能源管理平台。根据算法模型得分14分。

（2）主要设备水平：针对该单位空调制冷系统、供暖系统、照明系统、配电系统、生活热水系统运营情况及设备现状进行评定。根据算法模型得分16分。

（3）清洁能源利用：该单位利用的清洁能源主要为热泵。根据算法模型得分2分。

（4）能耗定额指标：该单位当前单位建筑面积能耗定额为31.2kgce/m²，高于约束值；人均能耗定额为860kgce/人，高于约束值。根据算法模型得分4分。

（5）节能改造措施：该单位建筑仅投用3年，在投用时已采用高效水冷机组、水泵变频调节、空气源热泵、LED 灯等高效节能措施。根据算法模型得分 16 分。

【案例 5-8】陕西省某县级机关能效诊断案例

（一）基本概况

1. 诊断目的

国家电网公司积极落实国家全面节约战略，助力实现国家"碳达峰、碳中和"目标，向用户提供公益普惠的能效诊断服务，帮助用户系统性分析用能情况，提出节能举措建议，促进全社会能效水平提升。

2. 诊断依据

主要诊断依据包括《重点用能单位节能管理办法》（国家发展改革委等单位第 15 号令）和《民用建筑节能管理规定》（中华人民共和国建设部令第 143 号）。

3. 建筑基本信息

本次诊断的对象为陕西省某县级税务局，建筑类型为独立办公定额类型的县级机关建筑，层高 5 层，总建筑面积 2130m²，可利用屋面面积 403m²；建筑投运年代 1999 年，用能人数 60 人。运行时段为周一到周五，每天 8:30～18:00。

近一年建筑能源消耗情况：电 4 万 kW·h，热力 1.1 万 GJ，汽油 0.09 万 L，用水量 0.4 万 t。

4. 建筑围护结构

该单位外墙材质为砖墙，门窗玻璃类型为单层玻璃，窗框材料为铝合金。围护结构的保温、隔热及气密性是影响建筑能耗的因素之一，定期维护能够提高建筑内舒适性降低能源消耗。

5. 能源审计周期

依据《公共机构能源审计管理暂行办法》（国家发展改革委、国管局第 31 号令），年能源消费量达 500tce 以上或年电力消耗 200 万 kW·h 以上或建筑面积 1 万 m² 以上的公共机构或集中办公区每 5 年应开展一次能源审计，该单位近 5 年内未开展能源审计。

（二）能耗定额指标

该单位消耗的主要能源品种为热力、电、汽油。近 1 年建筑能源消耗折合标准煤 392t，其中热力折合标准煤 375t，电折合标准煤 16t、汽油折合标准煤 1t，统计期热力折合标准煤量约占总能耗的 96%。购电方式为普通代理，无基本电费，无峰谷平电价。

根据定额计算，该单位属于独立办公定额类型的县级机关建筑，以下数据参考《公共机构能耗定额》（DB61/T 1399—2020）中的陕西供暖Ⅱ区。

（1）单位建筑面积电耗为 19.5kW·h/m²，低于基准值（40.7kW·h/m²）大于引导值（17.1kW·h/m²），单位建筑面积电耗正常。

（2）单位建筑面积非供暖能耗为 8kgce/m²，大于引导值（7kgce/m²），小于基准值（9.9kgce/m²）单位建筑面积非供暖能耗正常。

（3）人均综合能耗为 6539kgce/p，大于约束值（1152kgce/p），人均综合能耗须优化。

（三）能源管理措施

（1）主要能源管理措施。

1）组织架构：未组建能源管理团队负责日常能源管理的组织、监督、检查和协调工作。

2）台账管理：建立了详细的用能设备台账进行统一管理。

3）专业团队：未委托专业团队对空调设备、动力设备等进行统一管理及维护保障。

4）日常巡检：开展了对建筑内主要用能设备进行日常点检及能源消耗记录统计工作。

5）节能宣传：制定了日常用能行为管理，如张贴随手关闭灯具、空调、门窗，冬夏季空调温度设定等节能标志，开展了节能宣传活动。

6）能源管理平台未建立能源管理平台。

（2）诊断分析。建议组建能源管理团队负责日常能源管理的组织、监督、检查和协调工作。

（四）主要设备水平

通过设备信息收集和现场节能问询诊断分析，该单位主要用能设备包括空调制冷系统、供暖系统、配电系统、生活热水系统，运行情况分析如下。

（1）空调制冷系统：该单位空调制冷系统为分体式空调，合计 30 台。其中 1100W 分体式空调 28 台，主要用于办公使用。2800W 立式分体式空调 2 台，主要用于营业大厅使用。

（2）供暖系统：

1）基本情况：该单位主要采用设备类供暖方式，采暖设备类型为分散式采暖设备，合计 2 台，日常使用为 1 用 1 备，总额定功率 120kW，总制热量为 1202kW。

2）诊断分析：

a. 根据现场调研及数据分析，供暖系统的整体运营管理水平较高。

b. 根据后台数据对比分析，该单位供暖系统主要用能设备智能化控制系统缺失，整体设备工况完善。

3）提升建议：建议实施节能技术改造，增加智能化集中控制系统，预计实现系统节能率约为 5%～10%，投资回报期 5 年左右。采用蓄热设计，实现削峰填谷、降低成本。

（3）照明系统：

1）基本情况：该单位照明系统主要设备类型包括 LED 灯、节能灯设备，其中 LED 高效照明灯具占比为 80%，非 LED 灯具占比为 20%，合计照明数量为 60 盏。

2）诊断分析：

a. 根据现场诊断及数据分析，整体运营管理水平较高。

b. 根据后台数据对比分析该单位照明系统的智能化控制系统缺失，整体设备工况有待改善。

3）提升建议：技术改造方面，公共区域/楼道/地下室配置感应开关、亮度调节功能，预计节能率约为 10%～20%，投资回报期 3 年左右；增加照明集中控制系统，预计实现系统节能率约为 5%～10%，投资回报期 5 年左右。

（4）配电系统：

1）基本情况：该单位配电系统电压等级为交流 10kV，变压器为 S11 型号 1 台，额定容量为 200kVA，设备投运年限为 4 年。未安装新能源充电桩。

2）诊断分析：通过现场调研及数据分析，配电系统的整体运营管理水平较高，整体设备工况完善。

3）提升建议：运营管理方面，建议根据季节性负荷变化制定变压器投运方案。

（5）生活热水系统：

1）基本情况：该单位生活热水系统主要消耗能源为电，热水设备类型为分散式热水设备，日用水量 11L，设定水温为 50℃，近 3 年无改造记录。

2）诊断分析：通过现场调研及数据分析，生活热水系统的整体运营管理水平较高，整体设备工况完善。

（五）清洁能源利用

基本情况：清洁能源是实现"双碳"目标的重要措施之一，根据现场调研，该单位目前无可利用的清洁能源。

（六）节能改造措施

近 3 年该单位未开展相关节能改造措施。

（七）建筑综合评定

根据建筑整体能效诊断情况，从能源管理措施、主要设备水平、清洁能源利用、能耗定额指标、节能改造措施 5 个维度进行综合评定。该单位综合得分为 32 分，具体如下。

（1）能源管理措施：该单位未组建组织架构、未委托专业团队、已建立台账管理、已开展日常巡检、已制定节能宣传，能源管理措施有所欠缺，能源管理意识有待提升，根据算法模型得分 8 分。

（2）主要设备水平：针对该单位空调制冷系统、供暖系统、照明系统、配电系统、生活热水系统运营情况及设备现状进行评定，根据算法模型得分 12 分。

（3）清洁能源利用：该单位无可利用的清洁能源，根据算法模型得分 0 分。

（4）能耗定额指标：该单位当前单位建筑面积电耗为 19.5kW·h/m²，低于基准值（40.7kW·h/m²）大于引导值（17.1kW·h/m²）；单位建筑面积非供暖能耗为 184.2kgce/m²，大于约束值（15.9kgce/m²）；人均综合能耗为 6539kgce/p，大于约束值（1152kgce/p）。根据算法模型得分 12 分。（以上数据参考《公共机构能耗定额》（DB61/T 1399—2020）中的陕西供暖Ⅱ区）

（5）节能改造措施：该单位未实施节能改造项目，根据算法模型得分 0 分。

【案例 5-9】吉林省某政府机关数字机房能效诊断案例

（一）基本概况

1. 诊断目的

国家电网公司积极落实国家全面节约战略，助力实现国家"碳达峰、碳中和"目标，向用户提供公益普惠的能效诊断服务，帮助用户系统性分析用能情况，提出节能举措建议，促进全社会能效水平提升。

2. 诊断依据

主要诊断依据包括《重点用能单位节能管理办法》（国家发展改革委等单位第 15

号令）和《民用建筑节能管理规定》（中华人民共和国建设部令第143号）。

3. 建筑基本信息

本次诊断的对象吉林省粮食和物资储备局机关办公楼，建筑类型为用户办公楼宇，建筑面积12000m²，无可利用屋面面积；建筑投运年代2001年，常驻办公人员215人，月均用电量4万～5万kW·h，月均电费3万～4万元，其中数据机房及其空调用能是其重点耗电单元。

近1年建筑能源消耗情况：电58万kW·h，自来水2.2万t，天然气0.4万m³。

4. 建筑围护结构

该单位外墙材质为加气混凝土，门窗玻璃类型为中空玻璃，窗框材料为铝合金。围护结构的保温、隔热及气密性是影响建筑能耗的因素之一，定期维护能够提高建筑内舒适性降低能源消耗。

用户信息化数据机房，主要包括2个数据存储机房和1个UPS电源机房，3个机房各自分离，且各自采用独立空调进行室温控制。

5. 能源审计周期

依据《公共机构能源审计管理暂行办法》（国家发展改革委、国管局第31号令），年能源消费量达500tce以上或年电力消耗200万kW·h以上或建筑面积1万m²以上的公共机构或集中办公区每5年应开展一次能源审计，该单位近5年内已开展能源审计。

（二）能耗定额指标

客户用能以电为主。用户10kV进线，配电容量400kVA，月均用电量4万～5万kW·h，月均电费3万～4万元，其中数据机房及其独立空调是重点用电单元。建筑面积约12000m²，客户年单位面积耗电量为48kW·h/m²。

（三）能源管理措施

（1）主要能源管理措施：

1）组织架构：组建了能源管理团队负责日常能源管理的组织、监督、检查和协调工作。

2）专业团队：委托了专业团队对空调设备、动力设备等进行统一管理及维护保障。

3）日常巡检：开展了对建筑内主要用能设备进行日常点检及能源消耗记录统计

工作。

4）节能宣传：未制定日常用能行为管理，如张贴随手关闭灯具、空调、门窗，冬夏季空调温度设定等节能标志，开展节能宣传活动。

（2）诊断分析：该单位能源管理意识先进，管理措施有待提升。

（3）提升建议：建议经机房服务器供应商确认无技术风险且可实施，使用普通风机相较空调的用电情况，其节能效果必然十分明显，预计节能效果不低于 30%。

（4）台账管理：未建立详细的用能设备台账进行统一管理。

（5）能源管理平台：在建筑用能管理方面，未建立能源管理平台。

3. 主要设备水平

通过设备信息收集和现场节能问询诊断分析，该单位主要用能设备的运行情况分析如下。

（1）空调制冷系统：

1）基本情况：用户空调系统主要分两类，分别是办公暖通空调和数据机房独立空调，用户主要用电集中在 2 个数据机房及其各自独立配置的空调系统上。

a. 办公暖通空调：用户在夏季采用多联机进行供冷，冬季采用市政供暖。但由于长春地区夏季高温时间不多，多联机的使用频次很低。

b. 1 号数据机房：面积约 $50m^2$，配备 3 台立式空调，空调为服务器供应配套设置，没有发现空调设备铭牌标志，无法获取空调基本信息。共 3 台立式空调，运 2 备 1，采用制冷模式，现场运行温度分别为 23.5℃与 23.9℃。

c. 2 号数据机房：面积约 $18m^2$，配备 1 台立式空调，空调为服务器供应配套设置，没有发现空调设备铭牌标志，无法获取空调基本信息。空调采用制冷模式，处于运行状态，现场运行温度为 21.5℃。

d. UPS 电源机房：面积约 $18m^2$，配备 1 台立式空调，空调额定功率 6.7kW，额定制冷输出功率 20.2kW。采用空调制冷，现场运行设定温度为 22 度。

2）诊断分析：3 个机房的空调的设定温度以及房间温度均为在 21～22℃。但是，在调研期间，当地外界环境温度仅为 20℃。据悉，长春地区年平均温度为 12℃左右，只有在夏季极少数时间，气温可以超过 22℃，甚至达到 30℃以上。

3）提升建议：建议机房增加室外环境通风装置，利用室外环境空气对机房进行换风、降温。可以设定环境温度 22℃为工作标准，当环境温度超过 22℃时，用户应采用原有空调系统进行机房降温控制；当环境温度等于或低于 22℃时，采用环境通风的方式对机房进行降温控制。如需要采用室外环境风进行机房降温，以下几种情况需要注意：① 应在机房窗口位置，设定环境风进出口及其风机，以利于空气循环；② 室外进风应采用管道采风方式，并在管道口加装空气过滤器，由此可以减少外界粉尘对室内服务器等设备的影响，同时避免雨天水雾进入室内；③ 需要咨询机房服务器供应商，对服务器的防尘等级、湿度要求进行详细了解，以确认采用室外风进行冷却的技术可行性；④ 建议环境进风口风机可以进行档位设置，可根据环境情况进行风速调节；⑤ 建议在机房室内增设环境监测传感器，对温度、湿度、粉尘等情况进行监控，如发现外界环境不佳，或是室内湿度、粉尘控制不佳时，可以及时发现情况，并用替换室外风过滤器、换用室内空调制冷等手段进行应对。

（2）照明系统：

1）基本情况：用户照明系统已经全部更换为 LED 灯具，而且在调研期间发现，所有公共区域的照明全部处于关闭状态，有部分采光较好的办公室没有开启照明灯具。

2）诊断分析：用户在照明节能方面进行了良好的宣传，并进行了贯彻实施。

3）提升建议：用户已经进行了良好的照明节能管理与 LED 灯具更换，暂无有效提升建议。

（3）配电系统：

1）基本情况：该单位配电系统电压等级为 10kV，变压器为其他型号 1 台，额定容量为 400kVA，最大需量为 320kW，最长设备投运年限为 23 年。该单位未安装新能源充电桩，未接入车联网平台。

2）诊断分析：通过现场调研及数据分析，配电系统的整体运营管理水平有待提升，整体设备工况有待改善。

3）提升建议：建议按楼层、区域设立计量表具，并对车辆充电桩设备进行独立计量。

4. 清洁能源利用

（1）基本情况：清洁能源是实现"双碳"目标的重要措施之一，根据现场调研，该单位目前暂无清洁能源利用。

（2）诊断分析：通过现场调研及数据分析，整体清洁能源的利用水平较低。

（3）提升建议：建议该单位根据建筑特性及环境特征，加强光伏、太阳能热水、可再生水清洁能源的综合利用，从而实现建筑整体能效的大幅提升。

5. 节能改造措施

该单位一贯重视节能工作。近年来，积极采取了一些措施降低能耗，具体改造内容如下。

照明系统改造方式：更换了 LED 照明灯具。

6. 建筑综合评定

根据建筑整体能效诊断情况，从能源管理措施、主要设备水平、清洁能源利用、能耗定额指标、节能改造措施 5 个维度进行综合评定，最终建筑综合能效水平评定得分为各维度分数之和。该单位综合能效水平得分为 40 分，具体如下。

（1）能源管理措施：该单位已委托专业团队、已开展日常巡检、已制定节能宣传、已组建组织架构、未建立台账管理、未建立能源管理平台。根据算法模型得分 14 分。

（2）主要设备水平：针对该单位空调制冷系统、照明系统、配电系统运营情况及设备现状进行评定。根据算法模型得分 6 分。

（3）清洁能源利用：该单位无清洁能源利用。根据算法模型得分 0 分。

（4）能耗定额指标：该单位当前单位面积能耗定额为 $6.3kgce/m^2$，，低于约束值；人均能耗定额为 354kgce/人，低于约束值。根据算法模型得分 16 分。

（5）节能改造措施：该单位已实施节能改造项目涵盖照明系统。根据算法模型得分 4 分。

该客户的单位面积耗电量与单位面积综合能耗两项能效指标，非常优秀，超过大多普通办公楼宇的相关能效指标，如能够通过此次诊断建议进行数据机房的空调节能改造，其能效指标还能得到进一步提升。

【案例 5–10】江苏省某机关办公楼深度能效诊断案例

（一）基本概况

1. 诊断目的

国家电网公司积极落实国家全面节约战略，助力实现国家"碳达峰、碳中和"目标，向用户提供公益普惠的能效诊断服务，帮助用户系统性分析用能情况，提出节能举措建议，促进全社会能效水平提升。

2. 诊断依据

《重点用能单位节能管理办法》（国家发展改革委等单位第 15 号令）

《民用建筑节能管理规定》（中华人民共和国建设部令第 143 号）

《公共建筑能源审计导则》（住房城乡建设部建筑节能与科技司）

《用能单位节能量计算方法》（GB/T 13234—2018）

《用能单位能源计量器具配备和管理通则》（GB 17167—2006）

《室内空气质量标准》（GB/T 18883—2022）

《公共机构能源审计技术导则》（GB/T 31342—2014）

《公共机构能源管理体系实施指南》（GB/T 32019—2015）

《建筑照明设计标准》（GB 50034—2013）

《公共建筑节能设计标准》（GB 50189—2015）

《公共建筑能源审计标准》（DB 32/T 3751—2020）

《公共机构能耗定额及计算方法》（DB 32/T 4001—2021）

3. 诊断范围

本次诊断范围为建筑运行能耗，包括公共机构的整体耗能情况、配电系统、空调系统、照明系统、采暖系统、生活热水系统、锅炉系统及风机、水泵等重点用能设备。本次诊断时间范围为 2022—2023 年，周期为 1 年，包括 1 个完整的供冷季和供暖季。

（二）公共机构概况

1. 建筑基本信息

本次诊断的对象为江苏省××局，建筑类型为党政机关类型—集中办公区，总建筑面积 16000m²，可利用屋面面积 0m²；制冷面积 9393m²；供暖面积 9393m²；建筑投运年代 2005 年，用能人数 150 人。建筑运行时段为每周运行 5 天，每天运营时长 8h。

2. 建筑物概况

该单位围护结构外墙材质为砖墙，门窗玻璃类型为单层玻璃，窗框材料为铝合金，遮阳形式为内遮阳。围护结构的保温、隔热及气密性是影响建筑能耗的因素之一，定期维护能够提高建筑内舒适性降低能源消耗。

3. 能源资源利用总体情况

该单位消耗的主要能源品种与年消耗量为：电 76 万 kW·h，天然气 0.4 万 m³，自来水 3840t。

4. 主要能源资源利用系统

根据调研分析，该单位能源主要消耗系统分布为供暖系统、空调系统、照明、电梯系统、厨房系统。

（三）能源资源管理状况

1. 主要能源管理措施

通过对公共机构能源管理的目标和方针、组织架构设置、管理制度建设、设备管理与运维、节能宣传与培训等方面进行诊断，分析情况如下。

（1）能源管理目的和方针方面：该单位未根据实际情况并结合国家能源政策和相关法律法规明确单位能源管理的目标和方针，以书面形式颁发并执行。

（2）组织架构建设方面：该单位未设置能源管理团队或能源管理机构及部门负责日常能源管理的组织、监督、检查和协调工作。

（3）管理制度建设方面：该单位建立了能源资源管理制度，并编制能源管理制度文件，包括管理文件、技术文件、记录文档等。

（4）设备管理与运维方面：该单位建立了详细的用能设备台账进行统一管理。委托专业团队对空调设备、动力设备等进行统一管理及维护保障。未开展对建筑内主要用能设备进行日常点检及能源消耗记录统计工作。

（5）节能宣传语培训方面：该单位开展了节能宣传教育活动，开展节能相关技能培训。制定了日常用能行为管理，如张贴随手关闭灯具、空调、门窗，冬夏季空调温度设定等节能标志。

2. 诊断分析

该单位能源管理意识有待提升、管理措施有所欠缺。

3. 提升建议

建议该单位从能源管理目的和方针、组织架构建设、设备管理与运维等方面加强能源资源管理体系的建设。

（1）能源管理目的和方针方面：建议将能源管理方针与目标作为该单位总体业务方针的一部分，结合政府、行业能源发展战略进行制定，形成的相应文件应传达到全体员工并设置宣传、公众获取渠道；建议跟踪内外部环境变化对能源方针与目标进行定期评审，保证其持续适宜与有效。

（2）组织架构建设方面：建议将该单位能源管理融入日常管理工作之中，设置专业团队或部门对单位负责能源管理、明确各部门和人员职责范围及对应权限。

（3）设备管理与运维方面：建议加强重点用能设备日常管理，设置专业团队对主要用能系统进行统一管理及维护，完善用能设备清单与台账，做好设备运行日常记录、检查及能耗统计；建议采用合同能源管理的合作模式进一步促进能源管理水平的提升。

（四）能源资源计量及统计状况

能源资源计量是分项计量的基础，配备必要和准确的能源计量器具，建立完善的能源计量管理体系，是进行科学管理和技术进步的基础工作。在能源使用全过程的各个环节上安装能源计量器具，是定额考核的依据。通过这些数据，可以找出能源利用上的薄弱环节，制定针对性的措施。

在建筑能源资源计量管理方面，该单位未建立能源管控平台。用能单位能源计量器具配备不全；用能系统分项计量器具配备不全；未委托专业管理团队或设置专人对能源计量器具进行管理，定期对计量器具进行检定、校准或维修。

建议加强能源资源计量管理平台的建设和应用，建立完善的能源计量管理体系，依托平台强大的数据统计和分析功能，为建筑整体能效诊断和提升提供支撑，提升建筑的精细化、科学化的管理水平。

（五）能源资源消耗指标计算分析

1. 建筑能源消耗情况

该单位近 1 年建筑能源消耗情况：电 76 万 kW·h，天然气 0.4 万 m³，资源自来水 3840t。

2. 用能情况分析

近 1 年建筑能源消耗折合标准煤 99t，其中电折合标准煤 92t、天然气折合标准煤 5.46t，统计期电能折合标准煤量约占总能耗的 94%，购电方式为普通代理，有基本电费，无峰谷平电价。

根据定额计算，单位面积能耗定额为 10.6kgce/m²，处于基准值和约束值区间，低于约束值，人均能耗定额为 661kgce/人，处于基准值和约束值区间，低于约束值。

人均水耗为 25.6m³/人，处于先进值和通用值区间，低于通用值。

（六）主要能源资源利用系统分析

通过设备信息收集和现场节能问询诊断分析，该单位主要用能设备的运行情况分析如下。

1. 供暖系统

（1）运行现状：该单位供暖系统主要供应方式为设备类供暖，供暖设备类型为空调热泵类，合计 24 台，日常使用为 0 备 24 用，总额定功率 276kW，总制热量为 690kW，机组最长投运年限为 19 年。采暖设备类型还包括分散式采暖设备，采暖末端设备类型为风机盘管、分体式空调，采暖末端设备使用年限 10 年以上。

（2）诊断分析：

1）设备已接近报废年限，设备能效存在一定的衰减。

2）系统未配置智能化集中控制系统，不具备自动调温、自动加减载功能。

3）供暖系统未配置蓄热功能设备，未有效利用峰谷价差。

4）采暖末端设备使用年限较高，设备制热效果存在一定衰减。

（3）综合评价：通过现场调研及数据分析，供暖系统的整体运营管理水平有待提升，主要用能设备存在老旧、能效低问题、智能化控制系统缺失，整体设备工况有待改善。

2. 空调系统

（1）运行现状：该单位空调系统主要设备类型包括多联式空调、分体式空调。多联式空调合计 24 台，总额定功率为 321kW，总制冷量为 960kW。机组平均 COP 为 3，机组最长投运年限为 19 年。该单位空调系统包括分体式空调，该类设备存在布局分散、功率型号多样、能效提升措施有限等特点，不在本次诊断范围内。建议客户加强日常巡视，定期维护更新。

（2）诊断分析：

1）制冷机组机型老旧，设备能效水平降低。

2）空调系统为智能化集中控制系统，不具备自动调温、自动加减载功能。

3）建筑在制冷期内房间温度设置偏低（低于 26℃）。

（3）综合评价：通过现场调研及数据分析，空调系统的整体运营管理水平有待提升。主要用能设备存在老旧、能效低问题、智能化控制系统缺失，整体设备工况有待改善。

3. 供配电系统

（1）运行现状：该单位供配电系统的电压等级为 10kV，变压器为其他型号 2 台，额定容量为 2500kVA，变压器平均负载系数 65%，变压器空载损耗率 1.5%，负载损耗率 4%。供配电主要设备投运年限为 19 年。未安装新能源充电桩。

（2）诊断分析：

1）变压器运行负载正常。

2）企业实际功率因数/考核标准≥1，力调（功率因数调整）分析评价为优秀。

3）通过对变压器的峰谷分析，谷时段电量占比＞同行业谷时段用电量占比前

25%时，峰谷分析评价为优秀。

4）通过对变压器的容量分析，按合同容量、核定需量、实际最大需量 3 种不同情况的基本电费，估算基本电费最小值与当前策略基本电费相比＜1，容量分析评价为一般。

5）通过对变压器型号、账单当期变损电量及占比情况现场调研及数据分析，变损电量及占比较低，整体能效水平较高。

（3）综合评价：通过现场诊断及数据分析，供配电系统整体运营管理水平较高，整体设备能效较好。

4. 照明系统

（1）运行现状：该单位照明系统主要设备类型为 LED、节能灯、普通荧光灯、其他，其中 LED 高效照明灯具占比为 14%，非 LED 灯具占比为 86%，合计照明数量为 2781 盏，合计总功率为 70kW。

（2）诊断分析：

1）日常巡检过程中，存在不关闭无人区域照明。

2）公共区域/楼道/地下室未配置感应开关、亮度调节功能。

3）照明未智能化集中控制系统，不具备分时开关、远程控制功能。

（3）综合评价：通过现场诊断及数据分析，整体运营管理水平有待提升，LED 灯具占有率低于同类型建筑水平，智能化控制系统缺失，主要区域照度符合国家标准要求，整体设备工况有待改善。

5. 其他用能系统——电梯

（1）运行现状：该单位电梯的设备类型为机房垂直电梯，总额定功率为 22kW，共计 2 台。

（2）诊断分析：

1）未设计能量回馈装置，对上下行过程中产生能量有效回收利用。

2）电梯机房空调不能根据机房内温度自动启停。

（3）综合评价：通过现场诊断及数据分析，电梯的整体运营管理水平有待提升。同时电梯系统的智能化控制系统缺失，整体设备工况有待改善。

6. 新能源与可再生能源

（1）运行现状：新能源与可再生能源是实现"双碳"目标的重要措施之一，根据现场调研，该单位目前无新能源与可再生能源的利用。

（2）诊断分析：

1）光伏发电：无相关光伏发电的应用。

2）热泵：无相关热泵的应用。

3）太阳能热水：无相关太阳能热水的应用。

4）可再生水：无相关可再生水的应用。

5）绿电交易：未参与绿电交易。

（3）综合评价：通过现场调研及数据分析，整体新能源与可再生能源的利用水平较低。

7. 室内环境检测

选取了该单位建筑内 5 个典型区域对室内环境进行检测，测试结果显示该单位室内温度范围为 26～28.9℃，相对湿度范围为 51%～70%，满足《室内空气质量标准》（GB/T 18883—2022）中的要求，室内温湿度比较舒适，二氧化碳浓度适宜，末端温湿度控制水平较为合理。建筑环境现场测试信息见表 5-4，《室内空气质量标准》（GB/T 18883—2022）中温湿度标准值见表 5-5。

表 5-4　　　　　　　　　建筑环境现场测试信息

测试地点	温度/℃	相对湿度（%）	CO_2 浓度（%）	照度/lx
走廊	20.2	56.8	0.0509	109
	20.1	57.7	0.0385	105
	20.0	56.7	0.0386	103
食堂	27.1	61.6	0.0509	210
	27.1	59.3	0.0385	215
	27.0	58.6	0.0386	204
会议室	26	61.6	0.0385	300
	26.3	59.3	0.0577	310
	26.6	58.6	0.0566	313
办公室 1	28.9	57.6	0.0478	311
	28.8	55.3	0.0509	312
	28.7	52.6	0.0385	315
办公室 2	28.6	56.5	0.0386	310
	28.5	57.8	0.0385	313
	28.4	59.6	0.0390	306

表5-5　　《室内空气质量标准》(GB/T 18883—2022)中温湿度标准值

参数	单位	标准值	备注
温度	℃	22～28	夏季空调
		16～24	冬季采暖
相对湿度	%	40～80	夏季空调
		30～60	冬季采暖
CO_2浓度	%	≤0.10	

(七)节能效果及节能潜力分析

1. 已采取节能措施

该单位近3年来无节能改造措施。

2. 节能潜力分析

通过对该单位已采取的节能措施信息收集,结合能效诊断系统分析,各主要用能系统的节能建议和节能量分析如下。其中相关节能提升建议的预计节能量,根据该单位用能特性及行业改造经验进行估算分析。结论仅供参考,具体以正式审计报告或节能服务公司出具的评估报告为准。

(1)供暖系统节能提升建议:

1)高能效替换:采用高能效设备替换老旧设备。预计节能率约为10%～20%,投资回报期10年左右,节约电量2.8万kW·h,节约标准煤3.4t。

2)技术改造:增加智能化集中控制系统。预计实现系统节能率约为5%～10%,投资回报期5年左右,节约电量14150kW·h,节约标准煤1.7t。

3)节能量评估:结合以上措施建议,供暖系统预计可实现总节约电量 4.2 万kW·h,节约标准煤5.2t。

(2)空调系统节能提升建议:

1)高能效替换:更换高能效变频机组。变频机组改造,预计节能率约为10%～20%,投资回报期10年左右,节约电量4.5万kW·h,节约标准煤5.6t。

2)技术改造:增加智能控制系统,配置集中开关、设定温度等功能。预计实现系统节能率约为5%～10%,投资回报期5年左右,节约电量2.2万kW·h,节约标准煤2.8t。

3)节能量评估:结合以上节能措施建议,空调系统预计总节约电量6.8万kW·h,

节约标准煤 8t。

（3）供配电系统节能提升建议：

1）技术改造：建议开展无功补偿改造；按楼层、区域设立计量表具。

2）运营管理：建议根据季节性负荷变化制定变压器投运方案。

3）节能量评估：结合以上建议措施，配电预计可实现总节约电量 4800kW•h，节约标准煤 0.6t。

（4）照明系统节能提升建议：

1）运营管理：加强日常巡检，随手关闭无人区域照明。

2）高能效替换：采用高效 LED 照明灯具进行改造。预计节能率约为 30%～40%，投资回报期 3 年左右。

3）技术改造：公共区域/楼道/地下室配置感应开关、亮度调节功能；增加照明集中控制系统。预计实现系统节能率约为 5%～10%，投资回报期 5 年左右。

4）节能量评估：结合以上措施建议，照明系统预计总节约电量 2.4 万 kW•h，节约标准煤 3t。

（5）电梯节能提升建议：

1）高能效替换：采用新型高能效电梯替换老旧电梯。预计实现系统节能率约为 10%～20%，投资回报期 10 年左右，节约电量 3500kW•h，节约标准煤 0.4t。

2）技术改造：

a. 通过电梯能量回馈装置改造，将电梯上下行过程中的能量进行回收整流再利用。预计实现系统节能率约为 20%～30%，投资回报期 3 年左右，节约电量 5280kW•h，节约标准煤 0.7t。

b. 通过对电梯机房空调插座增加温控开关，减少空调用能。

c. 增加电梯群控系统，实现高效利用。

3）节能量评估：结合以上措施建议，电梯系统预计总节约电量 8780kW•h，节约标准煤 1t。

（6）新能源与可再生能源节能提升建议：建议该单位根据建筑特性及环境特征，加强光伏、热泵、太阳能热水、可再生水等新能源与可再生能源的综合利用，积极参与绿电交易，从而实现建筑整体能效提升。

（7）整体节能量预估：通过对该单位能效诊断，具备节能潜力空间挖掘的系统包括空调系统、供暖系统、照明系统、供配电系统、电梯系统，预计可实现节约电量 15 万 kW•h，节约标准煤 18t。

（八）诊断结论

根据建筑整体能效诊断情况，从能源资源管理、能源资源计量及统计、能源资源消耗指标、主要能源资源利用系统、节能改造措施 5 个维度，该单位综合能效水平评定 52 分。

【案例 5-11】陕西省某高等专科学校深度能效诊断案例

（一）基本概况

1. 诊断目的

国家电网公司积极落实国家全面节约战略，助力实现国家"碳达峰、碳中和"目标，向用户提供公益普惠的能效诊断服务，帮助用户系统性分析用能情况，提出节能举措建议，促进全社会能效水平提升。

2. 诊断依据

《重点用能单位节能管理办法》（国家发展改革委等单位第 15 号令）

《民用建筑节能管理规定》（中华人民共和国建设部令第 143 号）

《公共建筑能源审计导则》（住房城乡建设部建筑节能与科技司）

《用能单位节能量计算方法》（GB/T 13234—2018）

《用能单位能源计量器具配备和管理通则》（GB 17167—2006）

《室内空气质量标准》（GB/T 18883—2022）

《公共机构能源审计技术导则》（GB/T 31342—2014）

《公共机构能源管理体系实施指南》（GB/T 32019—2015）

《建筑照明设计标准》（GB 50034—2013）

《公共建筑节能设计标准》（GB 50189—2015）

《公共机构能耗定额》（DB6101/T 3149—2023）

3. 诊断范围

本次诊断范围为建筑运行能耗，包括公共机构的整体耗能情况、配电系统、空调系统、照明系统、采暖系统、生活热水系统、锅炉系统及风机、水泵等重点用能设备。本次诊断时间范围为 2022—2023 年，周期为 1 年，包括 1 个完整的供冷季和供暖季。

（二）公共机构概况

1. 建筑基本信息

本次诊断的对象为西安××高等专科学校，建筑类型为民用建筑，总建筑面积 6.6

万 m²，可利用屋面面积 2.5 万 m²；供暖和制冷面积 6.6 万 m²；建筑投运年代 1996 年，用能人数 4000 人（职工 700 人、学生 2900 人、日均培训人数 400 人）。建筑运行时段为每周运行 5 天，每天运营时长 10h。

2. 建筑物概况

该单位围护结构外墙材质为砖墙，门窗玻璃类型为中空玻璃，窗框材料为铝合金，遮阳形式为垂直帘。围护结构的保温、隔热及气密性是影响建筑能耗的因素之一，定期维护能够提高建筑内舒适性降低能源消耗。

3. 能源资源利用总体情况

该单位消耗的主要能源品种为电/天然气/热力，耗能工质为自来水。

电 259 万 kW·h，天然气 3 万 m³，热力 1 万 GJ，资源自来水 29 万 t。

4. 主要能源资源利用系统

根据调研分析该单位能源主要消耗系统分布如下：电力用于供暖系统、空调系统、用水系统、照明、厨房、电梯等系统；天然气用于厨房；热力用于供暖系统、用水系统。

（三）能源资源管理状况

1. 主要能源管理措施

通过对公共机构能源管理的目标和方针、组织架构设置、管理制度建设、设备管理与运维、节能宣传与培训等方面进行诊断，分析情况如下。

（1）能源管理目的和方针方面：该单位未根据实际情况并结合国家能源政策和相关法律法规明确单位能源管理的目标和方针，以书面形式颁发并执行。

（2）组织架构建设方面：该单位未设置能源管理团队或能源管理机构及部门负责日常能源管理的组织、监督、检查和协调工作。

（3）管理制度建设方面：该单位建立了电力相关能源资源管理制度，并编制能源管理制度文件，包括管理文件、技术文件、记录文档等。

（4）设备管理与运维方面：该单位建立了详细的用能设备台账进行统一管理。委托专业团队对空调设备、动力设备等进行统一管理及维护保障。开展对建筑内主要用能设备进行日常点检及能源消耗记录统计工作。

（5）节能宣传语培训方面：该单位开展了节能宣传教育活动，开展节能相关技能培训。制定日常用能行为管理，如张贴随手关闭灯具、空调、门窗，冬夏季空调温度设定等节能。

2. 诊断分析

该单位能源管理意识有待提升、管理措施有所欠缺。

3. 提升建议

（1）建议该单位从能源管理目的和方针、组织架构建设等方面加强能源资源管理体系的建设。

1）能源管理目的和方针方面。建议将能源管理方针与目标作为该单位总体业务方针一部分，结合政府、行业能源发展战略进行制定，形成的相应文件应传到全体员工并设置宣传、公众获取渠道；建议跟踪内外部环境变化对能源方针与目标进行定期评审，保证其持续适宜与有效。

2）组织架构建设方面。建议将该单位能源管理融入日常管理工作之中，设置专业团队或部门对单位负责能源管理、明确各部门和人员职责范围及对应权限。

（2）建议采用合同能源管理的合作模式进一步促进能源管理水平的提升。

（四）能源资源计量及统计状况

能源资源计量是分项计量的基础，配备必要和准确的能源计量器具，建立完善的能源计量管理体系，是进行科学管理和技术进步的基础工作。在能源使用全过程的各个环节上安装能源计量器具，是定额考核的依据。通过这些数据，可以找出能源利用上的薄弱环节，制定针对性的措施。

在建筑能源资源计量管理方面，该单位未建立能源管控平台。用能单位能源计量器具配备不全；用能系统分项计量器具配备不全。

建议加强能源资源计量管理平台的建设和应用，建立完善的能源计量管理体系，依托平台强大的数据统计和分析功能，为建筑整体能效诊断和提升提供支撑，提升建筑的精细化、科学化的管理水平。

（五）能源资源消耗指标计算分析

1. 建筑能源消耗情况

该单位近1年建筑能源消耗情况：电260万kW·h，天然气3万m³，热力1万GJ，资源自来水29万t。

2. 用能情况分析

近1年建筑能源消耗折合标准煤723t，其中（电折合标准煤318t、天然气折合标准煤36t、热力折合标准煤369t），统计期电能折合标准煤量约占总能耗的44%，其中光伏发电利用占总电耗的 0%。购电方式为市场化售电，无基本电费，无峰谷平电价。

根据定额计算，单位建筑面积非供暖能耗定额为 5.4kgce/m²，处于优秀区间，低于约束值 13.2kgce/m²，单位建筑面积供暖能耗定额为 11kgce/m²，处于优秀区间，低于约束值 15.6kgce/m²；人均能耗定额为 181kgce/人，处于良好区间，低于约束值 424.5kgce/人；人均水耗定额为 72 m³/人。

（六）主要能源资源利用系统分析

通过设备信息收集和现场节能问询诊断分析，该单位主要用能设备的运行情况分析如下。

1. 供暖系统

（1）运行现状：该单位供暖系统主要供应方式为市政供暖与设备类供暖结合的形式。采暖设备包括分散式采暖设备，主要是分体式空调与分散式电暖气，采暖末端设备使用年限 10 年以上。供暖泵合计 4 台（2 用 2 备），总额定功率为 22kW，设备最长投运年限为 26 年。

（2）诊断分析：

1）供暖泵已接近报废年限，设备能效存在一定的衰减。

2）供暖系统未配置智能化集中控制系统，不具备自动调温、自动加减载功能。

3）在保障设备用能安全的基础上，锅炉类供暖设备未配置烟气/冷凝水余热再回收利用功能。

4）供暖系统未配置蓄热功能设备，未有效利用峰谷价差。

5）采暖末端设备使用年限较高，设备制热效果存在一定衰减。

（3）综合评价：通过现场调研及数据分析，供暖系统的整体运营管理水平有待提升，主要用能设备存在老旧问题、智能化控制系统缺失，整体设备工况有待改善。

2. 空调系统

（1）运行现状：该单位空调系统主要设备类型包括集中式空调、分体式空调。其中集中式空调的机组类型为水冷式机组合计 1 台，日常使用为 0 备 1 用，总额定功率 40kW，总制冷量 149kW。机组平均 COP 为 3.7，机组最长投运年限为 27 年。冷冻、冷却泵合计 5 台，日常使用为 2 备 3 用，总额定功率为 140kW，设备最长投运年限为 26 年。冷却塔合计 2 台，日常使用为 1 备 1 用，总额定功率为 11kW，设备最长投运年限为 26 年。

（2）诊断分析：

1）空调系统未智能化集中控制系统，不具备自动调温、自动加减载功能。

2）空调系统未配置蓄冷设备，未有效利用峰谷价差。

3）制冷空调系统暂不具备根据建筑冷负荷需求分时分区供冷的能力。

（3）综合评价：通过现场调研及数据分析，空调系统的整体运营管理水平有待提升。主要用能设备存在老旧问题、智能化控制系统功能欠缺，整体设备工况有待改善。

3. 供配电系统

（1）运行现状：该单位供配电系统的电压等级为 10kV，变压器为 SCB10 2 台，额定容量为 2500kVA，最大需量为 1000kW，变压器平均负载系数 25%，变压器空载损耗率 1%，负载损耗率 6%。供配电主要设备投运年限为 1996 年。已安装新能源充电桩，设备类型为普通充电桩，未接入车联网平台。

（2）诊断分析：

1）变压器负载分析：

a. 长期处于低负载状态；日负荷峰谷差较大；变压器运行负载正常。

b. 企业实际功率因数/考核标准≥1，力调分析评价为优秀。

2）变压器峰谷分析：尖峰时段电量占比＞同行业尖峰时段用电量占比前 25%时，峰谷分析评价为一般。

3）变压器容量分析：按合同容量、核定需量、实际最大需量 3 种不同情况的基本电费，估算基本电费最小值与当前策略基本电费相比≥1，容量分析评价为优秀。

4）变压器型号、账单当期变损电量及占比情况现场调研及数据分析：变损电量及占比较高，整体能效水平较低。

（3）综合评价：通过现场诊断及数据分析，供配电系统整体运营管理水平较高，整体设备能效有待提升。

4. 照明系统

（1）运行现状：该单位照明系统主要设备类型为 LED、节能灯，其中 LED 高效照明灯具占比为 50%，非 LED 灯具占比为 50%，合计照明数量为 9700 盏，合计总功率为 410kW。

（2）诊断分析：照明为智能化集中控制系统，不具备分时开关、远程控制功能。

（3）综合评价：通过现场诊断及数据分析，整体运营管理水平较高智能化控制系统缺失，主要区域照度符合国家标准要求，整体设备工况完善。

5. 用水系统

（1）运行现状：该单位用水系统主要设备类型为集中式热水设备，消耗能源类型为市政供热，年用水量 2.5 万 t，设定水温：饮用水 100℃，洗澡生活用水 60℃。

（2）诊断分析：未配置智能化控制系统，具有自适应加热供给功能；未配置蓄热功能，未有效利用峰谷价差；主要用能设备存在未有效利用新能源与可再生能源问题；热水制取未采用余热回收相关技术应用；未完全采用节能水具。

（3）综合评价：通过现场诊断及数据分析用水系统的整体运营管理水平有待提升。同时用水系统的智能化控制系统缺失，整体设备工况有待改善。

6. 其他用能系统

（1）电梯：

1）运行现状：该单位电梯的设备类型为无机房垂直电梯，总额定功率为 24kW，共计 3 台。

2）诊断分析：未设计能量回馈装置，对上下行过程中产生能量有效回收利用；电梯机房空调不能根据机房内温度自动启停。

3）综合评价：通过现场诊断及数据分析电梯的整体运营管理水平有待提升。同时电梯系统的智能化控制系统缺失，整体设备工况有待改善。

（2）厨房：

1）运行现状：该单位厨房的设备类型包括灶具和蒸、煮设备。其中灶具总额定耗用量 13m³/h，总额定功率为 50kW，共计 2 台；蒸、煮设备总额定功率为 24kW，共计 4 台。

2）诊断分析：灶具、蒸煮设备未采用全电设计。

3）综合评价：通过现场诊断及数据分析，厨房的整体运营管理水平较高，整体设备工况完善。

7. 新能源与可再生能源

（1）运行现状：新能源与可再生能源是实现"双碳"目标的重要措施之一，根据现场调研，该单位目前未利用新能源与可再生能源。

（2）诊断分析：

1）光伏发电：无相关光伏发电的应用。

2）热泵：无相关热泵的应用。

3）太阳能热水：无相关太阳能热水的应用。

4）可再生水：无相关可再生水的应用。

5）绿电交易：未参与绿电交易。

（3）综合评价：通过现场调研及数据分析，整体新能源与可再生能源的利用水平较低。

8. 室内环境检测

选取了该单位建筑内 5 个典型区域对室内环境进行检测，测试结果显示该单位室内温度范围为 19.2～26.6℃，相对湿度范围为 51.7%～59.5%，满足《室内空气质量标准》（GB/T 18883—2022）要求，室内温湿度比较舒适，末端温湿度控制水平较为合理。建筑环境现场测试信息见表 5-6，《室内空气质量标准》（GB/T 18883—2022）中温湿度标准值见表 5-5。

表 5-6　　　　　　　　　　　　建筑环境现场测试信息

测试地点	温度/℃	相对湿度（%）	CO_2 浓度（%）	照度/lx
走廊	19.2	51.8	0.0319	99
	19.1	52.7	0.0325	105
	19.5	51.7	0.0396	101
大厅	20.1	59.6	0.0419	213
	20.5	58.3	0.0386	199
	20.0	58.6	0.0396	204
会议室	26.2	58.6	0.0395	295
	26.4	57.3	0.0567	312
	26.6	59.6	0.0466	303
办公室 1	25.2	56.6	0.0498	301
	25.8	55.3	0.0509	316
	25.3	57.6	0.0425	315
办公室 2	25.6	59.5	0.0436	298
	25.5	57.8	0.0425	307
	25.4	58.6	0.0460	310

（七）节能效果及节能潜力分析

1. 已采取节能措施

该单位一贯重视节能工作。近 3 年来，积极采取了一些措施降低能耗，用能系统具体改造内容为照明系统改造方式，即更换了 LED 照明灯具。

2. 节能潜力分析

通过对该单位已采取的节能措施信息收集，结合能效诊断系统分析，各主要用能系统的节能建议和节能量分析如下。

（1）供暖系统节能提升建议：

1）更换高能效设备。

2）技术改造：增加智能化集中控制系统。预计实现系统节能率约为 10%，投资回报期 5 年左右。

（2）空调系统节能提升建议：

1）更换高能效设备。

2）运营管理：建议考虑建筑区域、房间功能等不同场景用冷需求进行分时、分区供冷，减少非必要供冷。

3）技术改造：

a. 机组配置智能化控制手段，实现自动调温，自动加减载。预计实现机组节能率约为 5%～10%，投资回报期 5 年左右，节约电量 3 万 kW·h，节约标准煤 4t。

b. 采用蓄冷设计，实现削峰填谷、降低成本。

4）高能效替换：更换高能效机组及辅助设备，高效磁悬浮机组改造，预计节能率约为 10%～30%，投资回报期 10 年左右，节约电量 6 万 kW·h，节约标准煤 8t。

5）节能量评估。结合以上节能措施建议，空调系统预计总节约电量 9 万 kW·h，节约标准煤 11t。

（3）供配电系统节能提升建议：

1）技术改造：按楼层、区域设立计量表具；对车辆充电桩进行独立计量。

2）运营管理：建议根据季节性负荷变化制定变压器投运方案。

（4）照明系统节能提升建议：

1）高能效替换：采用高效 LED 照明灯具进行改造。预计节能率约为 30%～40%，投资回报期 3 年左右，预计可实现节约电量 8.2 万 kW·h，节约标准煤 10t（同时使用系数取 0.4）。

2）技术改造：增加照明集中控制系统。预计实现系统节能率约为 5%～10%，投资回报期 5 年左右预计可实现节约电量 2 万 kW·h，节约标准煤 3t（同时使用系数取 0.4）。

3）节能量评估：结合以上措施建议，照明系统预计总节约电量 10 万 kW·h，节约标准煤 13t。

（5）用水系统节能提升建议：

1）技术改造：

a. 增加智能化控制系统实现自适应加热。预计实现系统节能率约为 5%～10%，投资回报期 5 年左右。

b. 采用蓄热设计，实现削峰填谷、降低成本。

2）高能效替换：

a. 采用太阳能或其他热泵制取用水系统。预计实现系统节能率约为 10%～30%，投资回报期 10 年左右。

b. 采用节能水具替换现有高水耗设备。

（6）电梯节能提升建议：

1）技术改造：

a. 通过电梯能量回馈装置改造，将电梯上下行过程中的能量进行回收整流再利用。预计实现系统节能率约为 20%～30%，投资回报期 3 年左右，节约电量 9000kW·h，节约标准煤 1t。

b. 通过对电梯机房空调插座增加温控开关，减少空调用能。

c. 增加电梯群控系统，实现高效利用。

2）节能量评估：结合以上措施建议，电梯系统预计总节约电量 9000kW·h，节约标准煤 1t。

（7）整体节能量预估：通过对该单位能效诊断，具备节能潜力空间挖掘的系统包括空调系统、供暖系统、照明系统、供配电系统、用水系统电梯系统，预计可实现节约电量 20 万 kW·h，节约标准煤 25t。

（八）诊断结论

根据建筑整体能效诊断情况，从能源资源管理、能源资源计量及统计、能源资源消耗指标、主要能源资源利用系统、节能改造措施 5 个维度，综合能效水平评定 58 分。

第四节　能源托管典型案例

【案例5-12】山东省某高新区管委会能源托管项目

（一）背景概述

1. 项目背景

山东省某高新区是经国务院批准设立的首批国家级高新区，高新区管委会由A、

B 两座主楼及附属车库餐厅楼等组成，建筑面积约 55000m²，约有 1700 人在此办公。

2020 年全年用电 411 万 kW·h，单位面积用电量 80kW·h/m²，大幅高于全国政府办公楼的 55kW·h/m² 的平均水平。

2. 楼宇用能现状

该高新区管委会属于政府机关，用能情况主要是办公用电、供冷暖，主要用能设备为空调、空气源热泵、机房、照明、办公电脑、打印设备等，其中 A 区冬季供暖采用市政供热、夏季供冷采用水冷机组，B 区冷热供应均采用空气源热泵。

该高新区管委会用能管理粗放，缺少智能化能源管理工具，对能源消耗不能及时了解动态，管理考核体系也需要进一步完善。近年来因发展需要，各类办公设备不断增加，同时随着设备使用年限的不断增加和运维管理不足，暖通空调设备老化、效率下降，能耗持续上升。

3. 项目实施目的

该高新区管委会能源托管项目涵盖能源管控平台建设、水电分项计量、空调系统改造、照明系统改造、清洁能源建设等全要素节能改造，实现能效精细化管理，提高能源利用效率，掌握设备运行状态，节约能源费用支出，同时解决业主单位用能持续增长痛点，满足国家节能降碳考核指标要求。

（二）实施方案及实施效果

1. 技术路线

（1）进行节能改造，对中央空调、多联机、热泵机组、照明系统等实施节能技术改造，优化用能。

（2）建设屋顶光伏系统，设计装机容量 116.6kW，对管委会办公楼宇用电进行有效补充。

（3）构建物联网能源管理平台，实现跨区域、多建筑、多层级的总体监管节能分析，并对主要机电设备进行智能管控。

（4）提供能源物业服务，持续优化提升运营过程中的用能水平。

2. 建设运行情况

（1）构建物联网能源管理平台。通过物联网能源管理平台，实现跨区域、多建筑、多层级的总体监管节能管控模式，建立综合能耗计量分析系统，并对管委会办公楼宇主要机电设备（末端空调集中管控系统、冷热源机房等）进行智能管控，对给水管网系统进行监测。能源管控平台及分项计量装置如图 5-10 所示。

图 5 - 10 能源管控平台及分项计量装置

（2）空调系统改造。

1）空调循环水泵进行变频控制改造。对冷热源机房空调冷却循环水泵进行变频控制改造。

2）建立冷热源机房群控管理系统。依托能源管理平台建立空调机组运行模型，搭建冷热源机房群控节能管理系统，实时采集、监控中央空调系统各子系统的运行参数，根据室内外温湿度、冷冻水温度变化、热负荷等要求，系统智能、自动地匹配投入运行机组台数、设定温度及水泵变频，对中央空调系统主机、冷冻水泵、冷却水泵等设备进行远程群控，使整个中央空调工作在最佳负荷状态。

3）末端设备精细化控制。通过加装水电表、VRV 网关、集中控制器等监测、控制单元，搭建末端设备精细化管理控制系统，实现空调末端风机盘管、照明远程启停控制，同时与能源监管平台对接。水分项计量及数据网关如图 5 - 11 所示。

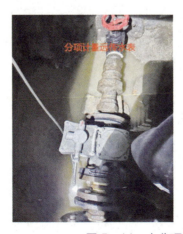

图 5 - 11 水分项计量及数据网关

（3）照明系统改造。将原有高耗能、多种类的普通照明灯具更换为高效绿色节能的新式 LED 灯具，并将原有的镇流器和启动器去除。

（4）绿色可再生能源利用。管委会办公楼屋顶加装光伏发电系统，设计容量 116.6kWp，设计寿命 20 年，采用自发自用模式，有效使用新能源，降低市政供电比例。屋顶光伏发电系统如图 5 – 12 所示。

图 5 – 12　屋顶光伏发电系统

3. 商业模式

本项目采用能源托管＋固定资产投资模式，国网山东综合能源公司提供节能改造和能源物业服务，并建设屋顶光伏系统。因项目招标时，国管局《关于鼓励和支持公共机构采用能源费用托管服务的意见》尚未下发，根据济财采〔2017〕20 号文，本项目能源托管采取"3＋2"模式，国网山东综合能源公司与该高新区管委会签订有效期 3 年的能源托管合同，合同期结束前，与该高新区管委会续签 2 年。托管期结束后，屋顶光伏系统继续由国网山东综合能源公司持有并运营 15 年，项目其他资产无偿移交给该高新区管委会。

国网山东综合能源公司与第三方单位采用设备采购及伴随服务模式，3＋2 托管期内，由第三方单位进行节能兜底，约定兜底效益，效益超出部分与第三方单位进行分成。

4. 实施效果与效益

（1）经济效益。本期工程总投资约 93 万元，"3＋2"托管服务期内，每年托管费用不低于 240 万元，5 年累计达 1200 万元；托管期结束后，光伏继续运营 15 年，每月光伏发电按当月实际电价 9 折销售给管委会，经测算，项目内部收益率约为 7%。

项目完成后第一年，该高新区管委会实际年节约电力 571628kW·h，节约能源费用约 39 万元。

（2）社会效益。该高新区管委会第一年实际年节约电相当于节约标准煤 70t，减少二氧化碳排放量 172t，综合能效提升约 14%，助力管委会完成国家公共机构节能降碳指标考核目标，并获得国管局等国家四部委联合授予的"节约型机关"称号。

（三）推广实施建议

1. 项目特色

（1）实现全要素技术改造和全天候用能监控。该高新区管委会能源托管项目包含能源管控平台建设、水电分项计量、空调系统改造、照明系统改造、清洁能源建设等，基本实现公共机构能源托管各类节能改造要素全覆盖；依托物联网平台，开展实时综合能耗计量分析，科学管控用能设备运行，实现全天候用能监控，即用即控、绿色节能，对后续省内推广公共机构能源托管项目具有典型示范引领效果。

（2）实现多种商务模式融合。建筑屋顶光伏建设，投资回收期较长，远超节能改造投资回收期，且超过国管局《关于鼓励和支持公共机构采用能源费用托管服务的意见》建议的合同期，本项目针对节能改造和屋顶光伏，分别采用能源托管和固定资产投资商务模式，为具备清洁能源建设条件的公共机构能源托管项目蹚出了一条新路。同时，建筑屋顶光伏建设纳入能源托管，光伏发电相当于按客户平均电价结算，在建立客户黏性的基础上，持续性开展能源托管服务，最大程度提升了屋顶光伏发电效益。

2. 推广应用建议

本项目紧扣政府机关客户的用能痛点，服务政府机关落实国家节能降碳考核指标需要，通过引入专业运营团队，实现能效精细化管理，在保障客户用能需求和舒适度基础上，提高了能源利用效率，节约了能源费用支出，项目采用的能源托管＋固定资产投资商务模式，可以为同类型公共机构等建筑节能降碳的推进思路提供借鉴。

【案例 5-13】江苏省某中医院能源托管服务项目

（一）背景概述

1. 项目背景

江苏省某中医院为全国首批成立的中医医院之一，现已成为全国著名具有浓厚文化底蕴的大型综合性三级甲等中医院。

该中医院总建筑面积为 19 万 m^2，现有床位数约 2570 床。全年基准用电量 2952 万 $kW·h$，基准用水量 86 万 m^3，基准用气量 322 万 m^3，折合标准煤 7914t，建筑面积能耗值约 $40kgce/m^2$，低于约束值 $44.2kgce/m^2$、高于基准值 $29.2kgce/m^2$，存在一定的节能空间。

2. 楼宇用能现状

该中医院主要耗能系统为暖通空调系统、照明系统、冷热水系统、医疗设备、电梯、厨房等。各用能系统现状如下。

（1）空调冷热源系统。

1）南院病房综合楼采用 3 台单台制冷量 800RT 的水冷机组供应大楼夏季制冷，采用 3 台单台换热量 2500kW 的汽—水换热机组供应大楼冬季采暖，南院其余的配套服务楼、行政楼由于面积较小，采用 VRV 多联机空调系统，均以电能为主。

2）北院西大楼地下 3 层现有一冷冻机房，机房内现有 2 台单台制冷量 2040kW 的溴化锂机组，2 台单台换热量 1500kW 的汽水换热机组。该机房集中供冷范围包括西病房楼、医学美容楼，集中采暖供应范围包括西大楼、东楼病房楼、医学美容楼中央空调系统冬季采暖。

3）北院门急诊大楼楼顶现有 6 台单台制冷量 620kW、制热量 680kW 的开利风冷热泵机组（2016 年投用），以及 1 台制冷量 212kW、制热量 236kW 的开利风冷热泵机组供应门急诊大楼一期（老楼）、东楼病房楼中央空调系统夏季制冷。

4）北院其余部分区域采用 VRV 中央空调系统供应对应区域的夏季制冷和冬季采暖。

（2）蒸汽系统（热力站）。该中医院热力站（锅炉房）内现有 3 台单台蒸发量 12 蒸 t/h 的燃气蒸汽锅炉，锅炉主要供应：① 南院病房综合楼、北院西楼、东楼病房楼的生活热水；② 南院病房综合楼及北院水系统中央空调区域的冬季采暖；③ 消毒供应室、手术室、食堂、洗衣房用蒸汽。

（3）生活热水系统（热交换站）。该中医院住院楼主要包含南院病房综合楼、北院西楼、东楼病房楼。全院均采用汽—水换热设备供应病房区域生活热水，其中南院病房综合楼采用容积式汽水换热包供应病房生活热水，北院西楼采用螺纹管换热器供应病房生活热水，北院东楼病房楼采用汽—水板式换热器供应生活热水。

（4）照明系统。南院全院、北院门急诊大楼一期及西楼、东楼病房楼大部分区域照明现仍采用 T8/T5 荧光灯，部分区域已更换为 LED 灯具。门急诊大楼二期、医技综合楼、桔香楼大部分区域均已采用 LED 节能灯具。

（5）供配电系统。该中医院现有两条 10kV 专线互用互备，南、北院总装机容量 16800kVA，其中南院配电容量 9600kVA，北院配电容量合计 7200kVA，无富余容量。

3. 项目实施目的

该中医院建筑单位面积能耗逐年上升，整体能耗处于偏高水平，且当前能源管理系统不健全，建筑用能管理、分析和诊断存在较大困难，存在较大节能降耗空间和潜力。

项目采用国家倡导的能源费用托管型合同能源管理方式，利用最新能源及信息技术发展成果，推进医院建筑能效提升工作，实现楼宇单位能耗指标显著降低，以及能源利用高效化、清洁化、智能化、数字化。

（二）实施方案及实施效果

1. 技术路线

（1）进行节能改造。由国网江苏综合能源公司投资对该中医院北院溴化锂系统、燃气锅炉系统、全院老旧分体空调及新风机组、全院照明系统、南院光伏路灯、冷凝水回收装置、南院第三路电源保障接口以及北院配电增容进行改造，保障医院用能系统的可靠及高效。

（2）构建能源信息化智慧平台建设内容。通过建立智慧能源监管平台、后勤保障服务信息化平台以及楼宇自控平台，为医院提供能源管理，助力实现后勤管理的信息化以及智能化。

（3）提供能源运维服务。通过配置专业能源管家团队，进行驻场运维管理，挖掘管理节能潜力，提升项目运营效益。

2. 建设运行情况

（1）构建能源信息化智慧平台。通过智慧能源监管平台实现对医院能源的分项计量和能耗分析，发现不规范用能，挖掘管理节能潜力；借助楼宇自控平台实现医院冷热源系统的集中控制和系统高效运行；依托后勤保障服务信息化平台通过运维管理检测系统、无线机房巡视系统、线上报修系统等模块实现医院后勤管理的智能化、信息化和高效化。能源信息化智慧平台如图 5-13 所示。

图 5 - 13　能源信息化智慧平台

（2）北院溴化锂机房及风冷热泵系统改造。针对北院溴化锂机房及屋顶风冷热泵系统，设计新建集中冷站，北院配电容量合计 7200kVA，容量无法满足新增的水冷机组用电需求，因此同步进行配电室增容改造。溴化锂机组和风冷热泵机组如图 5 - 14 所示。

图 5 - 14　溴化锂机组和风冷热泵机组

（3）全院老旧分体空调及新风机组改造。采用高能效分体空调替代全院老旧且能效低于 2 级的分体空调。更换西病房楼楼顶风量为 70000m³ 的新风机组和门诊楼楼顶 2 台新风机组。

（4）燃气锅炉更换改造。该中医院热力站（锅炉房）内现有 3 台单台蒸发量 12 蒸 t/h 的燃气蒸汽锅炉，本次改造拆除其中一台 12 蒸 t/h 的燃气蒸汽锅炉，在拆除的位置上配置 3 台单台蒸发量 2 蒸 t/h 的燃气蒸汽发生器，灵活调节供热量，避免"大马拉小车"的浪费现象。改造后年节气量约 10.99 万 m³。

（5）冷凝水回收装置改进。本项目在热水机房设置了冷凝水回收装置，收集的冷凝水再送至锅炉房产蒸汽，由于现有冷凝水回收装置配套的集水箱太小，回收装置控制系统不完善，导致冷凝水回收系统无法正常运行，本项改造利用机房现有 3 只冷凝水回收水箱，完善冷凝水回收装置控制。

（6）照明系统改造。采用 LED 高效灯具更换原有荧光灯具，在公共区域采用智能控制措施，智能化控制照明灯具。同时，对南院区路灯做整体更换。

（7）南院光伏路灯建设。为提升该中医院新能源应用比例，本次改造在南院走道光照度与光照时间较好的区域设置光伏路灯，路灯数量约 10 盏。

（8）南院第三路电源保障接口改造。本项目南院区新增一路 0.4kV 保障性负荷电源，共 800kVA，电源引自一层室外移动储能供电接驳车，变电站内新增一个低压开关柜（内设空气断路器），新增保障性负荷电源与变电站低压母排经新增的低压开关柜连接。

（9）北院配电增容改造。

1）南区中心站开闭所改造。新增 2 台高压开关柜，更换两台 10kV 计量柜内计量电流互感器、两台进线总柜内进线电流互感器及一台母联断路器柜内电流互感器，部分新增高压电缆桥架，新出 1 回 10kV 高压出线电缆至北区综合病房楼负三层新建变电站内。

2）北院西大楼负三层新建变电站。新增 1 个变电站，负荷等级为 3 级负荷，新增 10kV/2000kVA 干式变压器 1 台。

3. 商业模式

本项目采用能源费用托管型合同能源管理商务模式实施，托管期总计为 10 年。由国网江苏综合能源公司投资建设，并提供能效提升改造和运维服务。

4. 实施效果与效益

本次能效提升改造建设完成后，医院每年可减少电能约 163 万 kW·h，减少天然气 87 万 m^3，折合标准煤约 1362t，标准煤节能率约 17%。对于后期开展江苏省既有建筑的能效提升改造具有一定的借鉴示范意义。

（1）经济效益。本项目建设总投资 1223 万元，年托管费用 3557 万元（含税），托管期 10 年收入总计 35570 万元，年均利润总额 103 万元，财务内部收益率大于 10%（税后），预计回收期 8 年（含建设期，税后），具有一定的投资效益。

（2）社会效益。该中医院制定了一套切实可行的能效提升实施方案，结合能源托管型合同能源管理方式，利用最新能源及信息技术发展成果，推进医院建筑能效提升工作，实现医院的能耗指标显著降低，以及能源利用高效化、清洁化、智能化、数字化。

（三）推广实施建议

1. 项目特色

医院建筑作为使用功能最为复杂的建筑之一，具有能耗大、能源负荷种类多、用能形式广泛、用能安全性及可靠性要求高等特点，在绿色智慧医院建设的大趋势下，国网江苏综合能源公司从综合节能技术应用、一站式管控平台推广、专业化运维及体制机制建设等维度出发，全面提出"诊""医""养""嘱"的医院综合能源服务解决方案。"诊"，即全面"诊断"医院用能痛点；"医"，即聚合技术手段"医治"能耗顽疾；"养"，即助力智慧运维持续"养护"；"嘱"，即谨遵"医嘱"适配节能商业模式，推动医院建筑节能降碳。

2. 推广应用建议

本项目紧扣医院用能特点，对冷热源系统、照明系统、热水系统以及供配电系统进行了彻底的节能改造，服务医院达到国家节能降碳考核目标，通过引入专业运营团队，实现能效精细化管理，在保障客户用能需求和舒适度基础上，提高了能源利用效率，节约了能源费用支出，项目采用的能源托管商务模式，可以为同类型医院节能降碳提供借鉴。

【案例 5-14】浙江省某市医院综合能源托管项目

（一）背景概述

1. 项目背景

浙江省某市医院是一家集医疗、教学、科研、预防、保健与康复为一体的三级甲等综合性医院、浙南地区首家通过 JCI 学术型医学中心认证医院，该市医院项目单位面积能耗指标在能耗指标库中处于中等偏下水平，但近几年每年业务量仍以 15% 的速度激增，未来能耗增长趋势明显。

因医院能源信息化、设备智能化水平较低，急切需要开展必要的技改以提升用能安全性和使用效率，降低能源消耗，同时实现用能绿色、低碳和智慧化。但医院投资能力不足，引入第三方开展能源托管服务可有效解决此问题，实现多方受益。

该市医院综合能源托管项目是浙江省内首个医疗行业依托能源托管建设数字平台项目，通过能源托管收益建设智慧后勤数字化平台的创新与实践，提升了医院数字化水平，推动医院绿色低碳转型。

2. 楼宇用能现状

该市医院所在地区属于夏热冬冷地区，单位面积电耗 125kW·h/m²，单位面积燃气用量 3.94m³/m²，单位病床能耗 2021kgce/床；医院节能降耗措施有限，尤其是缺乏信息化工具的支撑，导致能耗数据不够明确，不利于节能降耗工作的针对性开展，较难实现万元收入能耗支出的降低。

医院作为拥有众多科室的高水平综合性医院，需要进一步细化能源管理模式，对建筑、功能区域、科室等进行多维度的统计、计量与考核，实现对成本的精细化管控。

3. 项目实施目的

为落实国管局关于公共机构绿色转型的政策要求，积极响应智慧医院建设要求，切实提升医院能耗控制水平，树立医院行业能源托管模式典型示范，通过实施包括技术、管理的专业化能源一揽子解决方案，实现医院能源费用、能源消耗总量逐步降低，助力机电系统运行安全性提升。

（二）实施方案及实施效果

1. 技术路线

（1）空气源热泵供水系统改造。医院原先全年采用蒸汽锅炉提供热水，该蒸汽锅炉无智能控制、水泵无变频控制，运行费用高、维护成本大；现采用空气源热水机组进行智能恒温供水控制，有效节省了能耗费用。空气源热水机组供热水时间段（07:00～08:30、17:30～01:00），日平均供水量 40m³，末端平均水温 50℃，满足住院楼各病区需求。空气源热泵系统如图 5－15 所示。

图 5－15　空气源热泵系统

（2）中央空调群控系统改造。本项目通过对冷冻泵和冷却泵进行变频控制，对中央控制柜进行优化控制，并安装水温传感器、压力传感器、电磁流量计、室外温湿度传感器、电流互感器等监测设备，实现了在负荷侧流量、能量平衡调节基础上进行自适应调节，达到了冷源侧和负荷侧的动态平衡，解决了医院原有空调制冷机房设备安全运行以人工值守、被动应付为主，缺少智慧化管理的问题。对医院水冷主机及管网进行实时监测，在保障末端舒适的情况下实现水泵变频与冷水机组、冷却塔结合进行整体寻优控制，大大降低了电力消耗，改造后年节电量 64 万 kW·h。中央空调群控系统界面如图 5-16 所示。

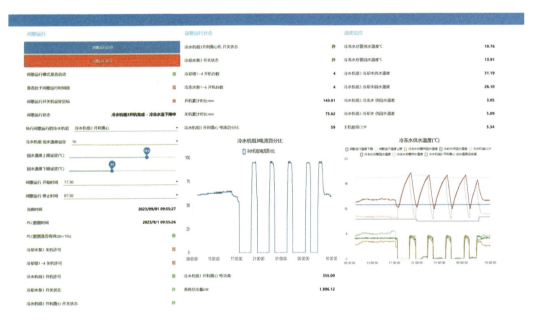

图 5-16　中央空调群控系统界面

（3）开水器改造。通过对现场储水式开水器供应时段用量的跟踪分析，按需进行开水器时控改造，避免出现非主要供应时段热水反复加热导致能源过度浪费的问题。

（4）上线"医院智慧管理运营平台"。建立了"平台＋生态＋运营"的管理模式。在配电房、楼层、科室等区域设立 400 余个用能监测点，建立科学先进的节能监管平台系统，对院区用电分层分区分科室进行分项计量、能耗对标分析，并对重点用电、用水设备及区域进行能耗计量管理，依托平台的能耗数据分析，设置专业的能源现场管家和云端专家，通过能耗异常事件追溯、改善，实现能耗精细化管理的闭环。智慧管理运营平台如图 5-17 所示。

图 5-17 智慧管理运营平台

（5）建立节能工作管理机构与制度。该医院在院领导组织下，建立节能工作管理小组，定期组织会议，听取汇报，并定期对能源数据能耗设备运行情况进行分析诊断；组织开展全能源管理体系建设，将能源评审作为提升能源绩效的重要手段，基于医院能耗数据、产量数据和其他信息，确定医院能源绩效水平，识别能源绩效改进机会，保证节能管理的可持续性；建立日常节能巡查机制，每日对全院进行节能巡查，识别医院各科室及公共区域的日常能源浪费，提供各科室用能设备的节能建议，同时不断地向科室人员进行节能宣传，提高全院的节能意识；建立科室能源绩效考核管理体系，根据历史能耗及业务量等数据建立各科室的能耗指标，将指标纳入医院绩效考核体系，评估科室的节能成效。

2. 建设运行情况

2022 年 1 月，国网浙江综合能源公司中标该市医院能源托管项目，2022 年 10 月 1 日实现正式托管。

进入托管期以来，智慧管理运营平台、智慧业务系统等数字化系统及各类技改设备运行正常，2022 年 10 月—2023 年 9 月累计节约 97 万元，效果显著。

3. 商业模式

该项目采用能源费用托管模式。国网浙江综合能源公司与该市医院签订能源托管服务合同，项目托管期 10 年，托管服务费用总额 1.2 亿元。托管服务期内，医院每月按合同约定向国网浙江综合能源公司支付医院实际发生的电费和天然气费；再由国网浙江综合能源公司支付电费和天然气费，每年托管期满后 1 月内，医院支付剩余的能源托管费用。

4. 实施效果与效益

（1）经济效益。项目总投资 677 万元，自 2022 年 10 月份进入托管期以来截至 2023

年 7 月，较改造前节约用电 35 万 kW·h、节约燃气 12 万 m³，预计首年节能收益约 100 万元。

（2）社会效益。项目作为浙江省首个医院能源托管项目，项目的成功落地，推动了医疗行业绿色转型，为国内"绿色医院"建设提供了样板。10 年托管期内预计减少二氧化碳排放量 3075t。

（三）推广实施建议

1. 项目特色

（1）能源管控智慧化。

1）通过对医院建筑加装能源监测设备，从能源管控、设备管理、消防安全方面进行监测管理，及时感知预警，极大提升医院用能监测水平。

2）通过智慧后勤能源管理运营平台，方便医院全方位管理科室、设备等用能情况，及时作出能源管控措施，实现医院用能指挥、调度、监控、维修一站式服务。

（2）节能技术先进。

1）采用先进空气源热水机组替换传统蒸汽锅炉，实现了热水温度智能调节，运行维护管理便捷化。

2）通过对中央空调加装传感器、变频器等设备，采用先进算法对设备进行调控，在保障医院具有良好舒适的温湿度环境下，实现能源高效利用。

2. 推广应用建议

随着该项目的运营，项目技术优势凸显，《基于人工智能算法的空调节能效率提升》《基于物联网和大数据平台的医疗设备全生命周期智慧监管探索》获得 2022 年现代医院管理经典案例优秀奖，项目被新华社等多家媒体报道，同时国内近 50 家医院对项目进行了参观考察，医院已成为全国智慧医院建设标杆医院，可将此项目作为能源托管模板，在医院行业内进行推广应用。

【案例 5-15】湖南省某人民法院办公区能源托管项目

（一）背景概述

1. 项目背景

湖南省某人民法院原供能站设备老化严重，常发生爆管等安全隐患。2021 年该人民法院启动该项目，但由于整改难度大、投资高、居民服务矛盾深等问题，远大、新奥等市场伙伴均放弃参与项目。在办公、生活用能亟待改善及助力公共机构低碳转型要求下，国网湖南综合能源公司组织规划、运营等专业团队，共同制定该人民法院满意的能源托管规划设计方案，于 2021 年 6 月与该人民法院达成能源托管合作意向。

2. 楼宇用能现状

（1）基本情况。该人民法院中央空调、热水系统分为两个供能站——办公楼制冷机房及直燃机房。办公楼制冷机房（两台 2335kW 开利离心机）于 1999 年建成投入使用，直燃机房（两台 400 万大卡）于 2008 年投入使用。

（2）现状分析。改造前该人民法院机房如图 5-18 所示。

1）设备老旧，运行效率低，安全可靠性低，用户体验较差。主要设备及辅助设备均接近使用寿命极限，能耗水平偏高；部分水泵出现漏水现象，影响系统安全稳定运行；部分住户空调舒适度体验较差，出现拒交空调费或私改分体空调现象。

2）智能化程度低，难以实现精确测量、精准控制、精益管理。该人民法院办公区制冷机房及直燃机房均未实现集中控制，难以实现制冷（热）设备的智能化控制。

3）运营维护管理、能源管理方式传统、粗放。采用人工巡检方式，设备内部工况全凭作业人员经验判断，无法做到事前故障预警，事后故障诊断难度大、准确度不高、故障处理效率低。

图 5-18　改造前该人民法院机房

3. 项目实施目的

本项目希望打造能源托管示范项目，彰显国网湖南综合能源服务有限公司实施能源托管项目的实力与能力，为在全省范围内开展同类项目提供样板。

本项目实现服务领域的突破，项目包含了住宅区的服务，对后续同类型项目具有参考意义。

（二）实施方案及实施效果

1. 技术路线

（1）建立高效机房，助力提升供能系统能效，降低能耗水平。采用高效离心冷水机组及超低氮冷凝热水锅炉替换直燃机，升级冷热源主设备，保障用能安全。优化管路系统，采用（低阻力弯头、阀门等）优化管路系统等，减少水系统的阻抗，减少水泵的扬程，进而降低水泵功率，降低能耗水平。更换的泵组根据中央空调（或热水系统）水系统的实际阻抗，重新匹配高效泵组，提高水系统输送效率。

（2）实施中央空调系统（包括热水）智能化升级改造，建设冷、热源集控中心，实现能源供应信息化、智能化管理。制冷机房及锅炉房增加相应传感器、电动阀，建立群控控制系统实现中央空调系统自动根据负荷、气象条件等因素的变动动态调节主机、泵组、塔组运行状态，真正实现中央空调系统稳定、高效运行，并可通过标准通信协议实现数据共享，实现能耗数据的信息化管理。

（3）完善平台建设六大功能模块。

1）能源数据监测方面：解决了能源系统普遍存在的传感设备质量差、自控系统不完善、手动操作场景多等问题。

2）设备安全管理方面：建立人民法院所有开通设备台账，及时发现异常并迅速处理。

3）能效分析方面：智慧用能分析是以各类能效指标分析为客户"精准画像"，为客户设备缺陷处理构建最强大脑。

4）客户服务方面：实现移动作业平台与智慧能源管理平台的互动，客户服务工单全线上流转。

5）人员管控方面：实现"基层管理业数融合"，实现了考评申报—编辑—审核—统计的全线上流转，持续助力基层人员减负提效。

6）云边智控方面：通过"云计算、边推理"的模式，提高了能源站运行能效，打造该人民法院能源站高效运行的 AI 智控大脑。

2. 建设运行情况

（1）建设阶段。建设现代化能源站，对该人民法院办公区、居民区实现空调冷、热、天然气及卫生热水的集中供应。采用高效离心冷水机组及超低氮冷凝热水锅炉替换直燃机，升级冷热源主设备；重新匹配高效泵组，提高水系统输送效率；同时对制冷机房及锅炉房增加传感系统，实现主机设备的动态监测、能源系统的智能化管理。

在管网整改期间，打破"以抢代维"的服务模式，完成热水主管网、各楼栋单元空调和热水的阀门及排气装置进行更换，彻底解决了管网爆管的问题，有效保障了供能的安全性和稳定性。在客户空调维修方面，通过对住户的空调末端使用情况进行摸排，组织专业维修人员制定维修方案等，妥善处理了历史积累问题。该人民法院改造后的机房如图 5-19 所示。

图 5-19　该人民法院改造后的机房

（2）服务运营阶段。

1）提供运维服务。妥善完成空调维修、水质清理、管网爆等客户历史遗留问题，处置 2021 年除夕突发热水管网爆管和水泵运行故障，确保春节期间空调及热水稳定供应。

2）延伸供电服务。将供电网格服务站的服务经验与服务能力全面移植至该人民法院低碳服务中心，为办公区专用变压器客户与生活区公用变压器客户提供一站式供电服务，实现了公共机构综合能源服务零距离。

3. 商业模式

国网湖南综合能源服务有限公司对该人民法院的直燃机房进行投资、优化设计、建设和运行管理，该人民法院按照合同约定支付能源托管费用。办公区域能源站冷热托管费用 418 万元/年。住宅区域按面积收费 38 元/（m²·年），卫生热水按流量收费 25 元/t；天然气合同价格 3.09 元/m³，根据天然气使用量进行差价补偿。

国网湖南综合能源服务有限公司承接了该人民法院未来 10 年的能源服务，托管该人民法院集中供冷（热）机房系统的能源（电+气+水）费用，帮助完成直燃机房系统的优化升级（包括中央空调能源控制系统建设），该人民法院不再参与托管期内的节能改造收益分成。

4. 实施效果与效益

（1）经济效益。项目总投资约 1200 万元，合同期为 10 年，预计回收期 8 年，内部收益率约 7%，具有合理的投资效益。

（2）社会效益。项目完成后预计能效提升 18%，每年减排二氧化碳约 1350t。该人民法院作为省内重要单位，影响力大，为公共机构改造运营提供了典型示范。

（三）推广实施建议

1. 项目特色

（1）服务创新方面。本项目通过"低碳中心＋能源站"服务形态，打破"以抢代维"的服务模式，构建全新综合能源服务产品。探索出了公共机构类综合能源服务的科学发展模式，持续擦亮国家电网公司综合能源服务品牌。

（2）商务模式方面。本项目只针对"能源站"进行托管，相较于全托管模式，风险基本可控；且能源站数智管理平台对费用进行了及时跟进与提醒，确保收益可控。

2. 推广应用建议

本项目能够顺利实施主要是紧扣客户的需求，以后期运营为导向，自主设计、建设高效、智慧能源站及提供精细化的运营管理服务，有效降低项目运行能源成本，实现项目的经济目标。

改造前制定科学的施工方案，合理安排施工工序；改造过程中实行精细化管理，确保改造工程质量；构建完整运营服务体系，专业、细致、用心的运营服务得到客户的高度认可，保障了项目的可持续性。

【案例 5-16】陕西省某大学附属医院能源托管项目

（一）背景概述

1. 项目背景

陕西省某大学附属医院是西北区域有重要影响力的一所集医疗、教学、科研、急救、康复和预防保健为一体的综合性三级甲等医院。

近年来，伴随着医院业务量的激增，广大患者及家属对医院后勤保障的舒适度要求不断上升，而部分老旧医院单位能耗居高不下，存在用能设备可靠性低、能耗高、信息化与智慧化水平低等情况，急切需要开展必要的技改以提升用能安全性和使用效率，降低能源消耗，同时实现用能绿色、低碳和智慧化。但医院投资能力不足，引入第三方开展能源托管服务可有效解决此问题，实现多方受益。

2. 楼宇用能现状

该附属医院占地 6.8 万 m^2，建筑面积 15 万 m^2，编制床位 1900 张。通过对医院过去几年能源资源消耗总体情况以及分项消耗情况的分析，该医院能源消费结构以电力和天然气为主，2021 年综合能耗当量值为 5040tce，其中，消耗电力 1708 万 kW·h，折合 2100tce，占医院全年综合能耗的 42%；消耗天然气 221 万 m^3，折合 2940tce，占医院全年综合能耗的 58%。

3. 项目实施目的

为助力国家"碳达峰、碳中和"目标实现、落实"十四五"节能减排政策要求，通过将能源托管和平台部署深度结合，依托能源托管建平台的独有模式，为医院提供综合能源服务，不仅有效提高了能源使用效率，降低万元收入能耗支出，还帮助医院部署了智慧管理运营平台，为医院数字化转型奠定基础。

（二）实施方案及实施效果

1. 技术路线

（1）建设智慧管理运营平台。打造数字化、智能化医院智慧管理运营中心，实现医院用能指挥、调度、监控、维修一站式服务，各环节工作过程在线管控，主要用能设备状态实时在线呈现，用能需求工作单响应派发处理及时高效，各科室用能状况一目了然。

（2）实施节能技改，充分挖掘节能空间。

1）完成两院区 4 套锅炉系统的更新改造，整体节能率达到 20%以上，同时氮氧化物排放满足环保要求。

2）加装中央空调智慧管理系统，实现制冷主机、冷冻水泵、冷却水泵、冷却塔的集体寻优控制，提高制冷机房综合能效比 15%以上；更新低效水泵，并加装变频装置，降低水泵运行能耗 20%以上。

3）对两院区供暖系统加装气候补偿装置，可根据室外天气及末端负荷进行实时调整，单项节能率可达 6%以上；对公共区域加装智慧照明系统，可实现日程设定及远程控制。

4）对地下供暖及蒸汽管网进行改造，减少冷热源沿程损失。

5）对锅炉配套的老旧天然气系统进行了改造，保障医院用气安全，同时更好地匹配新型锅炉供气要求。

（3）建设智慧用能系统。

1）能源管控层面：通过加装 600 多块智能电表，建立科室到楼层的用能计量监测网络，实现按科室核算用能成本。

2）在安全管控层面：通过加装 300 个物联网传感器及对接已有信息化系统，实现设备运行状态的实时监测及告警。

3）在设备管控层面：实现设备台账、报修、巡检、保养流程的数字化，基于 PDCA 的闭环管理机制，有效提升后勤服务效率及满意度。

2. 建设运行情况

2022 年 7 月，国网陕西综合能源服务有限公司中标该附属医院能源托管项目，2023 年 6 月 1 日实现正式托管。

进入托管期以来，智慧管理运营平台、智慧业务系统、各类技改设备运行正常，2022 年供暖季相比 2021 年供暖季少用天然气 22 万 m^3，系统节能率约为 21%，节能效果非常显著，已为医院节约各类能源费用 10 余万元。

3. 商业模式

该项目采用能源费用托管模式。国网陕西综合能源服务有限公司与该附属医院签订电和天然气能源托管服务合同，项目托管期 10 年，托管服务费用总额 1.8 亿元。托管服务期内，医院每月按合同约定向国网陕西综合能源服务有限公司支付能源托管费（包含能源费用）；再由国网陕西综合能源服务有限公司支付实际发生的电费和天然气费，同时负责技术支撑及智慧管理运营平台持续性升级改造投入，对医院的用能进行托底。

4. 实施效果与效益

（1）经济效益。项目投资约 1400 万元，投资收益由项目改造收益及电力保障服务费等组成。预计每年为医院节约能源费用 270 万元，预计年均节能效率达 10%～15%。

（2）社会效益。项目通过节能技改，每年节能约 294tce，社会效益突出。该医院位于革命圣地，为该医院实施综合能源服务项目，可打造能源托管模式样板，并带来广泛的社会影响力。

（三）推广实施建议

1. 项目特色

（1）用能管理实现精细化。采用"平台＋运营"模式，依托 PaaS＋SaaS 一体化平台，实现节能、安全、舒适"三位一体"的能源精细化管理。

（2）用能结构得到优化。对医院重要用能设备运行数据进行分析和性能检测，掌握医院用能需求规律，通过平台算法，根据末端的舒适度（温度、湿度）情况实时调节空调主机的出水温度。

（3）新技术与新设备得到应用。更换、改造医院近百台老旧设备，实现了医院用能结构合理化调整、用能设备更新改造、能效明显提高，满足了医院按科室进行用能成本管控核算的需要，降低医院万元收入能耗支出。

2. 推广应用建议

本项目充分挖掘医院能耗高、信息化手段不健全等痛点，通过开展节能改造和建设数字化平台，提升了医院用能安全性和使用效率，随着该项目的运营，该附属医院被授予"医院能源托管模式实践基地"，获得了国家机关事务管理局、住房和城乡建设部、国家卫健委等部委等代表的充分肯定，医院成为全国智慧医院建设标杆医院。